Andreas Salcher

ERKENNE DICH SELBST
UND ERSCHRICK NICHT

Andreas Salcher

ERKENNE DICH SELBST UND ERSCHRICK NICHT

ecoWIN

Andreas Salcher
Erkenne dich selbst und erschrick nicht

Das für dieses Buch verwendete FSC-zertifizierte Papier EOS lieferte Salzer, St. Pölten.

© 2013 Ecowin Verlag, Salzburg
Lektorat: Arnold Klaffenböck
Umschlaggestaltung: Saskia Beck
Gesamtherstellung: www.theiss.at
Printed in Austria
ISBN 978-3-7110-0050-7

   3 4 5 6 7 8 / 15 14 13

www.ecowin.at

Inhaltsverzeichnis

Prolog – Eine verkehrte Welt 9

I. Das Geheimnis des „Handorakels" 13
   Die Weisheiten des Baltasar Gracián 15

II. **Die Spielregeln der Lebenskunst** 27
   Wie man seine Freunde auswählen soll 29
   Über den Umgang mit Feinden 41
   Herz oder Kopf –
   im Schraubstock der Gefühle 53
   Sich vor dem Sieg über Vorgesetzte hüten 65
   Die hohe Kunst der Manipulationen kennen 77
   Sich einen guten Ruf erwerben –
   nie von sich reden 91
   Die Gunst des Augenblicks –
   geduldig warten oder entschieden handeln? 103
   Die Kunst, Glück zu haben 115

III. **Meisterschaft im Leben** 131
   Womit muss ich mich abfinden?
   Was kann ich verändern? 133
   Sich selbst erkennen 143
   Sich selbst beherrschen 155
   Sich selbst veredeln 169

Epilog 181
Danke 185

Gewidmet Ernst Scholdan, von dem ich immer wieder lerne, mir selbst näherzukommen.

Leserhinweis

Um die Lesbarkeit des Buches zu verbessern, wurde darauf verzichtet, neben der männlichen auch die weibliche Form anzuführen, die gedanklich selbstverständlich immer mit einzubeziehen ist. Die besten Geschichten schreibt das Leben. So nicht ausdrücklich anders darauf hingewiesen, sind alle Fallbeispiele in diesem Buch wahr.

Prolog –
Eine verkehrte Welt

Gracián sitzt in seiner kargen Zelle im Kloster der Stadt Tarazona in der spanischen Provinz Saragossa. Das Atmen fällt ihm von Tag zu Tag schwerer. Er bewegt sich bedächtig, denn jede zu schnelle Bewegung kann dazu führen, dass er plötzlich stechende Schmerzen spürt. Gracián hat viel Zeit nachzudenken, über sich, über die Welt und über Gott, dem er wohl bald ins Antlitz schauen wird. Immer wieder tauchen Bilder aus seinem Leben auf. Die harte Zeit als Novize bei den Jesuiten. Schon damals spürte er einen Widerspruch in sich. Zwar gewöhnte er sich schnell an die strenge Disziplin beim Essen und in den Schlafsälen. Auch die ständigen Ermahnungen, seinen Körper aufrecht zu halten, erschienen ihm durchaus sinnvoll. Denn ohne Disziplin gibt es keinen Erfolg. Aber warum sollte er bestimmte Gedanken unterdrücken, die nicht sündig waren, sondern nur das, was in der Heiligen Schrift stand, anders auslegten? Hatte man ihn nicht auch gelehrt, auf seine inneren Regungen zu hören und diese nicht zu unterdrücken? Niemand sei unersetzbar in der Gesellschaft Jesu, das gelte auch für ihn, mahnte der Novizenmeister den jungen Gracián, wenn dieser wieder einmal besonders hartnäckig auf seinem Standpunkt beharrte.

Dann sieht Gracián plötzlich sich selbst, wie er über das mit blutigen Leichen übersäte Schlachtfeld von Lérida schreitet. Als Feldkaplan hatte er den spanischen Truppen vor der Schlacht den Segen Gottes erteilt. Jetzt, nach dem Sieg, riefen ihm die

Soldaten zu: „Du bist der Vater des Sieges!" Endlich bekam er jene Anerkennung, nach der er sich schon so lange gesehnt hatte. Und in diesem Augenblick des großen Triumphs hatte er eine Eingebung, die sein weiteres Leben bestimmen sollte. Er sank auf die Knie und gelobte, ein geistiges Meditationsbuch zu schreiben, zur höheren Ehre Gottes ...

Seine Zellentüre wird aufgerissen, ein Pater bringt Gracián Wasser und etwas zu essen. Er ist nicht eingesperrt, diese Zeit ist schon lange vorbei, sondern nur zu schwach, um gemeinsam mit den anderen in den Speisesaal zu gehen. Seine Mitbrüder kümmern sich aufmerksam um ihn. Offensichtlich spüren sie so wie er selbst, dass sich sein Leben dem Ende zuneigt. Trotzdem haben sie über ihn die Höchststrafe verhängt, schlimmer noch als die Todesstrafe. Sein Lebenselixier hatten sie ihm geraubt – Papier, Feder und Tinte. Das sei nicht gut für seine Gesundheit, hat sein Oberer diesen drastischen Schritt begründet. Natürlich war das nicht der wahre Grund, Gracián kannte ihn genau. Zu oft hatte er sich mit der Hierarchie angelegt, nicht aus Geltungssucht oder Übermut, sondern weil er gar nicht anders konnte.

Dann hatten sie zurückgeschlagen. Die Weisheit gelangt an ein Ende, wenn sie mit nackter Gewalt konfrontiert wird. Man kann mit Klugheit ein Spiel gewinnen, aber gegen die Macht kommt man nicht wirklich an. Und nichts fürchtet die Macht mehr, als infrage gestellt zu werden. Dabei hatte Gracián sich mit seinem Werk an die Welt gerichtet, wie sie ist, und nicht, wie sie sein könnte, wenn sich das Göttliche schon durchgesetzt hätte. Das Göttliche hatte er nie in Zweifel gezogen, sondern nur dem Menschen helfen wollen, sich selbst besser zu verstehen. Ganz klar hatte er die Trennung zwischen der menschlichen und der göttlichen Ordnung festgeschrieben. Fast auf den Buchstaben genau war er dabei den Worten des Gründers seines Ordens, Ignatius von Loyola, gefolgt. *Große*

Meisterregel hatte Gracián sie sogar genannt, um sie vor allen anderen der von ihm verfassten 300 Regeln hervorzuheben.

Man wende die menschlichen Mittel an, als ob es keine göttlichen, und die göttlichen, als ob es keine menschlichen gäbe.

Und dann noch hinzugefügt: *Große Meisterregel, die keines Kommentars bedarf.* „Was für ein großer Irrtum", dachte sich Gracián in diesem Augenblick. Er hatte einsehen müssen, dass es die Menschen nie verstanden, auf das zu achten, was jemand sagte, sondern sie beurteilten es nur danach, wer es sagte. Die Worte eines Heiligen wie von Ignatius waren unangreifbar, denn er war schon lange tot und konnte daher die herrschende Ordnung nicht mehr gefährden. Zu seinen Lebzeiten hatte die Heilige Inquisition Ignatius genauso verfolgt wie jetzt ihn. Nur hatte Ignatius es eben besser verstanden, Fürsten und sogar den Papst als seine Schutzherren zu gewinnen. Dabei wären auch ihm alle Chancen offen gestanden, einflussreiche Menschen für sich zu gewinnen.

Gracián war nicht sein ganzes Leben in der Klosterzelle gesessen und hatte sich auch nicht nur hinter seinem Lehrstuhl als Professor für Theologie verschanzt, wie so viele andere. Immerhin hatte er es zum Beichtvater von Francisco María Carrafa gebracht, einem mächtigen Herzog, der ihm Zugang zum Spanischen Hof ermöglichte. Alles hätte einen guten Fortgang nehmen können, wäre da nicht sein innerer Zwang zum Schreiben gewesen. Mit seinem Werk hatte er in bester Absicht versucht, den Menschen einen Spiegel hinzuhalten, damit sie sich darin erkennen und verbessern könnten. Heute wusste er, dass das mit dem Spiegel nie gelingen konnte. Die Menschen wollen nicht sehen und nicht wissen, wie sie wirklich sind. Viel lieber lassen sie sich dazu verführen, weiter an ihren Illusionen festzuhalten. So wie die Wahrheit nicht gewinnt, wollen die Menschen nicht nackt vor sich selbst dastehen. Zu groß ist die Furcht vor dem Erschrecken.

Die Philosophie, einst die höchste Disziplin aller Weisen, hatte ihr Ansehen schon vor langer Zeit verloren. Auch die Wissenschaft hat alle Achtung eingebüßt. Einst hatte sie Seneca in Rom zur Blüte geführt, doch diese dauerte nicht lange. Das ändert nichts an Graciáns Überzeugung, dass die Aufdeckung von Trug und das Eintreten für die Wahrheit die einzig wahre Berufung einen denkenden Geistes sein sollten. „Die Welt ist eine verkehrte. Die Klugen sitzen in der Zelle, die Feigen und Dummen regieren die Welt", dachte sich Gracián an diesem feuchten Herbsttag im Jahr 1658.

1.
Das Geheimnis des „Handorakels"

Die Weisheiten des Baltasar Gracián

In meinem Leben bin ich immer wieder auf spannende Stoffe gestoßen. Was mich beim Lesen des bekanntesten Werkes von Baltasar Gracián y Morales, so hieß er mit vollem Namen, am meisten erstaunt hat, ist der Umstand, wie wenig sich die Menschen in ihrem Denken und Fühlen im Lauf der Jahrhunderte verändert haben. Technik und Wissenschaft haben die äußere Welt revolutioniert. Doch nach wie vor steht und fällt alles mit der inneren Welt des Menschen. So wie damals scheitern große Vorhaben nicht an mangelnden technischen Kenntnissen, sondern an menschlicher Schwäche. Andererseits überwinden Fantasie, Großherzigkeit und Tatkraft alle vorstellbaren Grenzen des Machbaren. Es gibt wenige Bücher, die die Natur des Menschen mit ihren Schattenseiten und ihrer Fähigkeit zu Größe so treffend charakterisieren wie „Handorakel und Kunst der Weltklugheit". Was Gracián über die Komplexität der menschlichen Seele, über emotionale Intelligenz, über die Gesetze der Macht, über Public Relation, über Kommunikation schreibt, beeindruckt auch den heutigen Leser. Wie bescheiden wirken die Rezepte von Werbeagenturen, Spin-Doktoren oder Selbsthilfe-Gurus, vergleicht man diese mit dem vielleicht besten taktischen Lebensratgeber der Weltliteratur.

In diesem Buch verarbeite ich einen Rohstoff, der 360 Jahre alt ist. Sein Schöpfer, Baltasar Gracián, war Jesuit und Professor für Theologie in Saragossa. Bei der Veröffentlichung 1653 von *Oráculo manual y arte de prudencia* wählte er den Namen seines

Freundes Vincencio Juan de Lastanosa als Pseudonym, um die Genehmigungspflicht durch seinen Orden zu umgehen. Die Jesuiten fanden jedoch bald die Wahrheit heraus und belegten ihn mit einem Schreibverbot. Als er wiederholt dagegen verstieß, verurteilte man ihn zu Festungshaft bei Wasser und Brot. Was machte diesen Mann so gefährlich?

Machiavelli kennt fast jeder, Gracián fast niemand. Warum?

Dafür gibt es gute Gründe. Erstens wendet sich Machiavelli an jene, die schon Macht haben und diese nutzen und verteidigen wollen. Sein „Fürst" bietet operative Vorschläge dafür, wie man seine Position erhält und festigt, um sich gegen äußere und innere Feinde zu verteidigen. Er scheut sich auch nicht, den Tyrannenmord zu empfehlen, so dieser notwendig ist. Gracián fühlt sich eher mit den Schwachen und Unterdrückten verbunden, die sich ständig behaupten müssen. Haben diese sich mühsam eine Position erobert, kann sie schnell wieder verloren gehen, daher ist ständige Wachsamkeit gefordert. Doch auch der Mächtige darf sich bei Gracián nie ganz sicher sein. Ein Fehltritt, ein falsches Wort, ein falscher Freund, und schon können sich die Verhältnisse ändern.

Zweitens, das Original des „Handorakels" mit seinen 300 Weisheiten ist schwer lesbar. Gracián ist ein Philosoph und kein Verfasser von leicht konsumierbaren Merksprüchen. Er spiegelt die Themen Macht, Verstellung, Listenreichtum wie in einem Kaleidoskop mit Facetten. Und im Unterschied zu Machiavelli zeigt er dem Menschen auch immer die Wege zur Tugend, zur

Vollkommenheit und zur Größe. Auch die kunstvolle deutsche Übersetzung von Arthur Schopenhauer ist alles andere als leicht verdauliche Bettlektüre. Manche Sätze muss man dreimal lesen, um hoffen zu dürfen, sie einigermaßen verstanden zu haben, andere erfreuen einen dagegen mit ihrem klugen Sprachwitz. Wer sich einmal darüberwagt, die ersten Hürden überwindet, gerät irgendwann in den Sog dieses Buches. Am Ende wird man mit klugen Wahrheiten über seine Freunde, seine Feinde, seine Vorhaben und sein Glück belohnt. Der Begriff „Handorakel" wird heute fast immer missverstanden. Im Verständnis seiner Zeit meinte Baltasar Gracián damit einen tragbaren Handspiegel, in dem wir uns immer wieder klar betrachten können.

Drittens, das „Handorakel" verleiht Herrschaftswissen. Dieses alte Wissen ist heute längst nicht mehr geheim, aber ohne umfassende Kenntnisse nur schwer zugänglich. Es verlangt eine gewisse philosophische Bildung, um die vielen Allegorien entschlüsseln und ihren tieferen Sinn verstehen zu können. Daher haben sich immer nur einige wenige die Mühe gemacht, sich durchzukämpfen und ihren Nutzen daraus zu ziehen. Der Gewinn war aber so groß, dass die 0,00001 Prozent, die das „Handorakel" kannten, überhaupt kein Interesse daran hatten, dessen Weisheiten zu teilen. Das Buch gilt bis heute als Geheimtipp. Die gewonnenen Erkenntnisse dienten vielen Mächtigen sowohl als geistige Vorlage für ihre Strategien als auch als konkrete Handlungsanleitung. Wer diese Tricks und Taktiken nicht durchschaut, ist ihnen meist ahnungslos ausgeliefert. Daran hat sich bis heute nichts geändert. Selbst unter der Zusicherung des Schutzes ihrer Anonymität haben sich einige sehr Mächtige in diesem Land geweigert, mit mir über das „Handorakel" zu sprechen, obwohl öffentlich bekannt ist, dass sie es sehr gut kennen.

Eine kleine Minderheit beherrscht seit Jahrhunderten die Regeln der Macht

Mit guten Manieren, manipulativer Freundlichkeit, Kenntnis der Verwundbarkeit der anderen und Tarnung der wahren Absichten verschafft sich eine ganz bestimmte Gruppe von Menschen Zugang zu den Schaltzentralen. Scheinbar zufällig haben sie bei Beförderungen die Nase vorne und steigen immer weiter in Hierarchien auf. Heute haben die smarten Karrieristen die brutalen Machtverwalter vergangener Jahrhunderte abgelöst. Ihr Ziel hat sich nicht verändert. Aber ihre Methode. Die erfolgreichen Aufsteiger haben erkannt, dass offensive Brutalität nicht mehr ausreicht, um zu Macht und zu Prestige zu kommen. Man muss vor allem völlig frei von emotionalen Bindungen gegenüber anderen Menschen sein, um diese, wenn es die Situation erfordert, ohne große Gewissensbisse opfern zu können. Wer sich heute unklug gegenüber seinem Vorgesetzten verhält, verliert nicht mehr seinen Kopf, aber seinen Job. „Umstrukturierung. Es hat nichts mit Ihnen zu tun", heißt es dann mit ausdrucksloser Miene. Wenn aber die Anständigen immer den Kürzeren ziehen, setzen sich auf Dauer die Unanständigen durch. Wohin das führt, erleben wir gerade alle. Die Ehrlichen sollen nicht immer die Dummen sein. Der Zweck darf die Mittel nicht heiligen. Die Anständigen dürfen keine Scheu im Umgang mit der Macht haben.

Frauen kommen im „Handorakel" nur in einem Nebensatz vor. Der Gedanke, dass sich Frauen mit den Fragen der Lebensführung und Machtausübung auseinandersetzen, war Gracián wesensfremd. Auch wenn sich seit damals sicher vieles verändert hat, haben viele Frauen auch heute oft noch das Gefühl, immer dann ausgeschlossen zu sein, wenn die wirklichen Entscheidungen getroffen werden. Ihre Meinung wird zwar durchaus geschätzt, ihre Leistung anerkannt, aber eine entscheidende

Rolle wird ihnen nur selten zugestanden. Der Grund dafür ist einerseits die „gläserne Decke". Diese Metapher steht für das Phänomen, dass qualifizierte Frauen in ihrer Karriere „hängen bleiben", weil sie unter anderem nicht über die informellen Netzwerke der Männer verfügen. Andererseits versperrt ihnen aber auch oft ein eisernes Tor den Weg nach oben. Dieses lässt sich nicht durch Gewalt aufbrechen, sondern es bedarf eines besonderen Wissens, um sich Zugang verschaffen zu können. Dabei geht es um die Kenntnis bestimmter Denkweisen, Strategien und Taktiken. Sie wurden seit Jahrhunderten von Männern definiert, verfeinert und weitergegeben. Diese „Spielregeln der Lebenskunst" möchte ich im zweiten Teil des Buches möglichst vielen Menschen zugänglich machen.

Manche werden die Nase rümpfen und sagen, wer nicht bereit ist, das Original zu lesen, sollte es lieber gleich bleiben lassen. Die Wahrheit ist, je mehr Menschen die Spielregeln kennen, desto durchschaubarer und damit wirkungsloser werden diese. Unsere Zeit ist mehr als reif dafür, dass nicht mehr einer viele anführt, sondern viele die Verantwortung für ihr eigenes Leben und das von anderen übernehmen. Nicht die Raffiniertesten, sondern die besten Geeigneten sollen zum Zug kommen. Das „Handorakel" ist dafür ein mehr als taugliches Werkzeug. Wie bei einem Messer hängt es nur davon ab, an welcher Seite man es anfasst, ob es Schaden oder Nutzen verursacht.

Überleben in unsicheren Zeiten

Oberflächlich betrachtet, erklärt uns das „Handorakel" einmal umsichtig abwägend, manchmal kategorisch fordernd, was zu tun und zu lassen ist, um sich in einer sozial, politisch und wirtschaftlich, aber auch im Alltag komplizierter gewordenen Welt zu behaupten. Diese Herausforderung stellt Gracián an die erste Stelle seiner 300 Regeln:

> Alles hat heutzutage seinen Gipfel erreicht, aber die Kunst, sich geltend zu machen, den höchsten. Mehr gehört jetzt zu _einem_ Weisen als in alten Zeiten zu sieben: und mehr ist erfordert, um in diesen Zeiten mit einem einzigen Menschen fertig zu werden, als in vorigen mit einem ganzen Volk.

Die Ängste haben sich dabei seit den Zeiten Graciáns erstaunlich wenig geändert, wenngleich auch die Ursachen dafür andere sind. Bei vielen Menschen herrscht die vorauseilende Furcht vor dem Verlust des Erreichten. Die schleichende Inflation frisst die Ersparnisse und die explodierenden Staatshaushalte lassen an einer gesicherten Altersversorgung zweifeln. Auch für die Jungen wird alles härter, der Konkurrenzkampf um die attraktivsten Studienplätze immer schärfer. Danach bleibt trotz bester Noten und hervorragender Sprachkenntnisse erst recht nur der Platz in der langen Schlange der Bewerber. Die Eltern versuchen ihre Kinder schon in den Volksschulen auf diesen Wettbewerb zu trimmen. Hat man es geschafft, seinen Kopf ein bisschen aus der Menge zu heben, eine Stufe auf der Leiter nach oben zu erklimmen, wächst die Zahl der Neider und Feinde. Je höher man steigt, desto gefährlicher wird es. Ein Gegner, oft nicht einmal ein Konkurrent, sondern nur jemand, der uns selbst den kleinsten Erfolg nicht gönnt, investiert seine gesamte Energie, um andere gegen uns aufzubringen. Die Lehre Graciáns passt gut in unser Zeitalter der Unsicherheit.

Die 300 Lebensweisheiten des „Handorakels" sind frei zugänglich – für die ganz wenigen, die davon Gebrauch zu machen wissen. Das einzige Geheimnis, das man ihm entlocken kann, liegt in der Wiederentdeckung der Fähigkeit des eigenen Denkens und der Urteilsfähigkeit. Lernen, reflektieren und verändern, was möglich ist, nicht das sklavische Befolgen von Regeln, das ist die Botschaft Graciáns. Nur so kann jeder von uns das Beste für sich in einer bestimmten Situation finden. Doch selbst wenn wir überzeugt sind, das Richtige für uns erkannt zu haben, wird es umso schwieriger, dieses auch umzusetzen.

Was Baltasar Gracián mit uns verbindet

Baltasar Gracián war deutlich besser darin, Lebensklugheit zu erkennen und zu formulieren, als selbst davon Gebrauch zu machen. Er war einerseits ein Moraltheologe, also ein Mann des Denkens, und andererseits als Beichtvater eines einflussreichen Herzogs allen Intrigen im Umfeld des Vizekönigs ausgesetzt. Eingeklemmt in diese Zwickmühle, war seine Karriere am Spanischen Hof in Madrid wenig erfolgreich. Dazu kamen die ständigen Konflikte mit seinem Orden, den Jesuiten, denen seine Schriften viel zu weltlich waren. Das „Handorakel" ist kein frommes Buch, es feiert die Geistesgaben des Menschen wie Scharfsinn und Klugheit statt Demut und Gottesergebenheit. Mit seinem Menschenbild stand Gracián in eklatantem Widerspruch zu den Dogmen der katholischen Kirche, dass jeder Mensch nur von Gott erlöst werden könnte.

Gracián hatte sein Dilemma, mit dem er sein Leben lang kämpfen musste. Mit Dilemma meine ich eine Situation, die zwei Möglichkeiten der Entscheidung bietet, die uns zu zerreißen oder zu blockieren drohen. Der brillante Philosoph Gracián wusste oft, was klug für ihn gewesen wäre – und tat das Gegenteil. Das ist das Thema, das ihn mit uns verbindet: die Kluft zwischen unserem Wissen und unserem Handeln.

Ob wir es wollen oder nicht, wir alle haben unsere Dilemmata. Sie kennen Ihr Dilemma so gut wie ich meines. Was wir vom „Handorakel" in diesem Buch lernen können, ist das Denken in Gegensätzen. Sie werden sehen, dass es manchmal nicht nur zwei Türen gibt, durch die Sie gehen können, sondern mehrere. Die Welt ist nicht nur schwarz oder weiß, es gibt viel dazwischen.

Der Pfad durch dieses Buch

Dieser kompakte erste Teil soll als Einführung in die Zeit und das Denken von Gracián dienen. Es werden auch einige Themen angerissen, die aufzeigen, warum viele der alten Weisheiten des „Handorakels" heute sowohl Gültigkeit als auch brennende Aktualität haben.

Im zweiten Teil beginnen die meisten Kapitel jeweils mit einer Regel von Gracián, die mit ausgewählten Zitaten von ihm zugespitzt argumentiert wird. Originalzitate[1] von Gracián sind *kursiv* geschrieben. Nehmen wir zum Beispiel *Wie man seine Freunde auswählen soll*. Diese These dient nur als Ausgangspunkt eines Diskurses zum Thema „Freunde". Schnell werden wir uns fragen, wie sehr wir über unsere Freunde überhaupt entscheiden können, ob nicht vielmehr wir von diesen ausgewählt wurden. Weitere Thesen helfen uns, tiefer in das Thema einzudringen und nach den Ursachen dafür zu suchen, warum wir welche Freunde haben. In manchen Kapiteln wird auch eine These „Seine Fähigkeiten verbergen und sich anzupassen verstehen" einer Antithese „Sich gegen psychopathische Vorgesetzte wehren" gegenübergestellt. Spannend wird es immer dann, wenn Sie bei einem Thema Ihr eigenes Dilemma entdecken.

Damit bin ich schon beim Charakter dieses Buches und meiner Rolle. Ich kuratiere altes Wissen und stelle immer wieder den Bezug zur Gegenwart her. Stellen Sie sich vor, Sie gehen durch eine Ausstellung zum Thema „Selbsterkenntnis und Lebenskunst". Das Buch ist wie eine Wanderung durch einen großen Raum, in dem viele Gedanken Platz haben. Es stehen immer Bänke zum Verweilen bereit, damit Sie Ihre eigenen Schlüsse ziehen können. Sie dürfen sich im zweiten Teil völlig frei bewegen, jene Themen, die Sie brennend interessieren, sofort besuchen, andere hingegen überspringen.

Die kapriziöse Sprache von Gracián überlagert oft den Inhalt. Das ist wie auf einem Ball, nach dem wir uns an kein einziges Gesicht, sondern nur mehr an das auffallendste Kleid erinnern können. Es kann Ihnen daher immer wieder passieren, dass Sie die vieldeutigen Sprachspiele Graciáns von der Essenz des Inhalts ablenken. Das sollte Sie nicht weiter stören. Erstens sind die meisten von uns in Zeiten von SMS, E-Mail oder What's App der Schönheit von Sprache ziemlich entwöhnt. Zweitens denken Sie an die Hunderten von prachtvollen Bildern im Louvre. Wenn Sie diesen besuchen, ist es auch legitim, an vielen von ihnen einfach vorbeizugehen, bis Sie dann von einem so angezogen werden, dass Sie ihm Ihre ganze Aufmerksamkeit widmen. So können Sie es auch mit den kursiven Originaltexten von Gracián in diesem Buch halten. Es wird durchaus passieren, dass Sie sich gegen Ende wieder an ein Zitat am Anfang erinnern und es nochmals suchen, um es in Ruhe zu lesen. In Ausstellungen soll man seinen Impulsen folgen und manchmal auch zurückgehen, in Büchern braucht man nur zurückzublättern.

Die Praxis der Lebenskunst

Im dritten Teil des Buches geht es darum, wie wir aus den Lehren des „Handorakels" praktischen Nutzen für uns selbst gewinnen können. Das beginnt mit der Frage, was wir überhaupt an unserer Persönlichkeit verändern können und womit wir uns abfinden müssen. Wir werden jene drei Mechanismen kennenlernen, die es uns nach heutigem Stand der Wissenschaft ermöglichen, durch eigenes Handeln Einfluss auf unsere Persönlichkeitsentwicklung nehmen zu können. Dazu bedarf es natürlich auch konkreter Methoden.

Als Modell dafür werden wir uns mit einer der wirksamsten Schulen der Selbsterkenntnis und Selbstbeherrschung auseinandersetzen – den Jesuiten. Kein anderer Orden hat so strenge Auswahlprinzipien und prüft so konsequent die geistige Entwicklung seiner Mitglieder. Zweimal dreißig Tage im Leben eines Jesuiten praktiziert er die Exerzitien, jene von Ignatius festgeschriebenen und noch heute gültigen geistigen Übungen. Im Noviziat, das doppelt so lange dauert wie in anderen Orden, lernt der Kandidat, dass es ohne Disziplin keinen Erfolg gibt. Wir werden sehen, dass sich einige der erprobten Praktiken der Jesuiten zur Selbstreflexion durchaus in unseren Tagesablauf einbinden lassen.

Am Anfang vieler Weisheitslehren steht ein Spruch, der schon vor dem Orakel von Delphi zu lesen war: „Erkenne Dich selbst". Auf der zweiten Stufe folgt das „Beherrsche Dich selbst". Disziplin und Selbstbeherrschung sind auch zentrale Werte im „Handorakel". Erst wenn man gelernt hat, sich selbst zu beherrschen, ist man bereit für die höchste Ebene. Die dritte Stufe führt zum „Veredle Dich selbst". Das kann der Weg zur Auferstehung im christlichen Glauben sein, das Aufgehen im Nirwana im Buddhismus oder für den nichtreligiösen Humanisten das Bewusstsein, seinem Ideal möglichst nahe gekommen zu sein und ein Leben nach seinen Maßstäben gelebt zu haben.

„Wer vor den Spiegel tritt, um sich zu ändern, der hat sich schon geändert."
Seneca

---

1 Zur Überprüfung und Wiedergabe aller in diesem Buch verwendeten Zitate aus Graciáns „Handorakel" wurde folgende deutschsprachige Ausgabe zurate gezogen: Balthasar Gracián: Handorakel und Kunst der Weltklugheit. Aus dessen Werken gezogen von D. Vincencio Juan de Lastanosa und aus dem spanischen Original treu und sorgfältig übersetzt von Arthur Schopenhauer. Mit einem Nachwort hrsg. v. Arthur Hübscher (Reclams Universal-Bibliothek 2771), Stuttgart 2009. Dabei wurden die Zitate in die heute übliche Rechtschreibung übertragen und einige veraltete Ausdrücke durch zeitgemäßere Formulierungen ersetzt. Ein paar besonders komplizierte und daher schwer verständliche Stellen wurden vom Autor sinngemäß vereinfacht und umformuliert.

11.
Die Spielregeln der Lebenskunst

Wie man seine Freunde auswählen soll

These 1:
Man lege hohe Ansprüche an die Wahl seiner Freunde an

> Der freundschaftliche Umgang sei eine Schule der Kenntnisse und die Unterhaltung bildende Belehrung: aus seinen Freunden mache man Lehrer und lasse den Nutzen des Lernens und das Vergnügen der Unterhaltung sich wechselseitig durchdringen. Mit Leuten von Einsicht hat man einen abwechselnden Genuss, indem man für das, was man sagt, Beifall und von dem, was man hört, Nutzen einerntet. Was uns zu anderen führt, ist gewöhnlich unser eigenes Interesse: dies ist hier jedoch höherer Art. Der Aufmerksame besucht häufig die Häuser jener großartigen Hofleute, welche mehr Schauplätze der Größe als Paläste der Eitelkeit sind. Es gibt Herren, welche im Ruf der Weltklugheit stehen: nicht nur sind diese selbst, durch ihr Beispiel und ihren Umgang, Orakel aller Größe, sondern auch die sie umgebende Schar bildet eine höfische Akademie guter und edler Klugheit jeder Art.

Im Leben gibt es immer Zeitpunkte, an denen wir uns fragen sollten, welche Art von Freunden wir haben. Sind wir gerade besonders erfolgreich, wird die Liste derer, die sich stolz auf unsere Freundschaft berufen, gefährlich ausufern. Wenn es uns schlecht geht, wenn wir eine wichtige Position verloren haben oder nach Scheidungen trennt sich die Spreu vom Weizen. Das sind die Augenblicke der bösen Enttäuschungen, wenn der Rückruf einfach nicht kommt oder alle gute Rechtfertigungen haben, warum sie uns jetzt leider nicht treffen können. Suchen wir die Gründe für die Enttäuschung einer Freundschaft, sollten wir bei uns selbst beginnen. Haben wir von Anfang an Bekanntschaft mit Freundschaft verwechselt?

Es kostet Mühe, genau zu definieren, welche Qualität wir von einer Freundschaft erwarten. Die gewonnene Klarheit wird uns davor bewahren, zuzulassen, dass uns jemand als seinen Freund bezeichnet, den wir kaum kennen. Umgekehrt: Zählen wir nicht fahrlässig auch jemanden zu unseren guten Freunden, der das völlig anders bewertet?

Und wenn wir jetzt tiefer in unser Verständnis von Freundschaft eintauchen, müssen wir dann nicht sogar zugeben, dass wir das Wort „Freund" schon einmal für jemanden missbraucht haben, für den wir mehr als freundschaftliche Gefühle gehegt haben, insgeheim darauf hoffend, dass da einmal mehr daraus werden könnte? Immer wieder räsonieren wir dann vor Vertrauten über das Thema: „Wir sind nicht Freund und Freundin, wir sind kein Liebespaar ... aber auf der anderen Seite, einfach nur gute Freunde sind wir auch nicht. Unsere Beziehung ist etwas ganz Besonderes."

Der Ursprung des Dilemmas liegt im Missbrauch des Wortes Freund. Wer sich dazu verführen lässt, täglich seine „Friends" auf Facebook zu zählen, wird im Ernstfall sehr allein sein und jenen beneiden, der es in seinem ganzen Leben nur auf drei echte Freunde gebracht hat, die ihm aber beistehen, falls er sie wirklich braucht. Geradezu absurd wird es, wenn Marken unsere besten Freunde sein wollen. Liebe Werbeagenturen und Marketingpäpste, niemand will mit einem Supermarkt oder einer Bank befreundet sein. Bei diesen unsittlichen Annäherungsversuchen sollten möglichst viele Menschen den Mut haben, klar zu artikulieren: Du bist nicht mein Freund und wirst es auch nie sein. Der Begriff Freund sollte uns etwas Heiliges sein. *Freunde [zu] haben,* lehrt uns Gracián, *ist ein zweites Dasein.*

Wer sind Ihre Freunde, die diesen Namen verdienen?

Haben Sie diese bewusst ausgewählt oder war es nicht umgekehrt? Stellen Sie sich vor, ein für Sie wichtiger runder Geburtstag steht an, und Sie haben sich dazu entschieden, diesen im Kreis Ihrer besten Freunde zu feiern. Und jetzt kommt die entscheidende Herausforderung: Es dürfen höchstens zwölf sein. Keine leichte Aufgabe. Der eine wird sich jetzt überfordert fühlen, weil er nie den Kreis seiner dreißig, fünfzig, hundert oder mehr Freunde so drastisch einschränken möchte. Der andere wird überrascht feststellen, dass er gar nicht über mehr als drei wirklich gute Freunde verfügt oder, noch schlimmer, ihm einige besonders wichtige Menschen schon durch Tod oder Trennung entrissen wurden. Zwölf ist eine gute Zahl, um mehr über sich und seine Freunde zu lernen. Ich weiß, wovon ich schreibe, ich habe diese Übung aus Anlass meines 50. Geburtstages gemacht. Die ersten zehn Namen flossen mir ohne langes Nachdenken aus der Feder. Als ich merkte, dass ich mich dem Ende der Liste näherte, eröffnete ich eine zweite Spalte. Auch diese wurde schnell immer länger, jeder war mir aus anderen Gründen lieb und wertvoll, doch es blieben nur mehr zwei Namen für die zwölf Einzuladenden. Wie und warum ich diese dann ausgewählt habe, sagt wohl mehr über mich als über sie.

Wenn Sie sich auf dieses Gedankenspiel mit den zwölf Freunden einlassen, dann werden auch Sie irgendwann ins Stocken geraten. Sollen Sie dem Freund, den Sie seit Ihrer Jugend kennen, aber nur mehr selten sehen, den Vorzug geben vor jenem, der Ihnen in kürzester Zeit sehr vertraut geworden ist, dessen Freundschaft aber noch nie einer Belastungsprobe unterzogen wurde? Sollen Sie es wagen, jemanden einzuladen, der aufgrund seiner Bedeutung Ihre Runde adeln würde und die noch lose Beziehung festigen könnte, oder überwiegt die Angst, sich eine verwunderte Absage einzuholen? Wie gehen Sie mit zwei Ihnen wichtigen Menschen um, die Sie aber aufgrund ihrer wechselseitigen Abneigung nicht gemeinsam einladen können? Welche Familienmitglieder zählen Sie wirklich zu Ihren Freunden? Was tun Sie mit der besten Freundin Ihrer Herzensliebsten, der Sie bestenfalls Gleichgültigkeit entgegenbringen können, deren Nichteinladung zu Ihrem Ehrentag aber als schwerer Affront gegenüber Ihrer Partnerin gewertet werden könnte? Und umgekehrt, wie antworten Sie einem Menschen, den Sie unbedingt dabeihaben wollen, der aber nur mit seinem Partner kommen will oder kann?

Irgendwann wird die Liste mit den zwölf Namen fertig sein. Diese dienen Ihnen dann als Studienfeld zum Thema „Die Wahl meiner Freunde". Im „Handorakel" kann man dazu lesen:

> *denn erst nachdem der Verstand sie geprüft und das wechselnde Glück sie erprobt hat, sollen sie es sein, erkoren nicht bloß durch die Neigung, sondern auch durch die Einsicht. Obgleich hierin es gut zu treffen das Wichtigste im Leben ist, wird doch die wenigste Sorgfalt darauf verwendet ... Es gibt echte und unechte Freundschaften, diese zum Ergötzen, jene zur Fruchtbarkeit an gelungenen Gedanken und Taten. Wenige sind Freunde der Person, die meisten der Glücksumstände. Die tüchtige*

> Einsicht *eines* Freundes nützt mehr als der gute Wille vieler anderen: daher verdanke man sie seiner Wahl, nicht dem Zufall ... Auch wünsche man seinen Freunden nicht zu großes Glück, wenn man sie behalten will.

Seine Verwandten kann man sich nicht aussuchen, seine Freunde schon

In Familien gibt es „das schwarze Schaf", das mit seinen kleinen und großen Dummheiten immer alle in Geiselhaft nimmt. Verwunderlich ist dagegen, dass manche Menschen ohne durch Verwandtschaft dazu genötigt zu sein, jahrelang ein erwachsenes Sorgenkind mitschleppen und ihm den Status eines Freundes verleihen. *Ein Kluger weiß Verdrießlichkeiten zu vermeiden; aber ein dummer Freund schleppt sie ihm zu.*

Als Außenstehender gewinnt man bei manchen „Freundschaften" den Eindruck, dass es sich für den einen eher um eine Selbstbestrafung handeln muss. Warum laden sich glückliche, erfolgreiche Menschen einen Teil des Unglücks dieser Welt freiwillig auf ihre Schultern, indem sie die immer wiederkehrenden Katastrophen eines anderen mit Rat, Tat und Geld zu bewältigen helfen, nur weil sie mit diesem einmal die Schulbank geteilt haben oder durch sonstige Zufälligkeiten „befreundet" sind? Gracián warnt: *Nie aus Mitleid gegen den Unglücklichen sein Schicksal auch sich zuziehen.*

Wer hat es bei ehrlicher Betrachtung geschafft, jemanden tatsächlich erst nach genauer Prüfung durch den Verstand und nicht nach spontaner Sympathie und gemeinsamen Interessen zum Freund zu machen? Entspricht ein derartiges rationales Vorgehen überhaupt der menschlichen Natur und untergräbt es nicht schon von Beginn an die Grundlage des Vertrauens? Witold, einen meiner besten Freunde, habe ich vor mehr als

30 Jahren in einem Zug von Wien nach Salamanca kennengelernt. Wir saßen zufällig im selben Abteil und er hatte das Pech gehabt, dass ich wenige Minuten vor ihm alle verfügbaren spanischen Peseten in der Wechselstube am Bahnhof getauscht hatte, sodass er ohne jedes Bargeld in ein fremdes Land fahren musste. Ehe ich ausstieg, lieh ich ihm, den ich erst seit wenigen Stunden kannte, ein Drittel meiner Barschaft. Zu meinem 50. Geburtstag schenkte er mir ein Buch: „Handorakel und Kunst der Weltklugheit" von Baltasar Gracián.

These 11:
Seine Freunde zu nutzen verstehen

Darf man bei der Wahl seiner Freunde berechnend sein? Soll man sich von jenen trennen, die keinen Nutzen bringen können? Dazu gibt es im „Handorakel" eine klare Antwort: *Einige Freunde führt ihre Zudringlichkeit, die meisten der Zufall uns zu.* Das kann wie bei meinem Freund Witold im Zug sehr gut ausgehen, andere zahlen für die Nachlässigkeit bei der Wahl ihrer Freunde einen hohen Preis, ohne sich dessen bewusst zu sein. Ich kenne Frauen, die darunter leiden, dass sie ihre kostbare verfügbare Zeit noch immer mit den Freundinnen aus der Studienzeit verschwenden. Damals war Zeit ein fast unbegrenzt zur Verfügung stehendes Gut und jene Stunden, die mit belanglosen Gesprächen verprasst wurden, fielen nicht ins Gewicht. Man hatte ähnliche Interessen, man mochte sich, das genügte. Heute stecken die einen in diesem Stadium der Oberflächlichkeit fest, die anderen sehnen sich nach Herausforderung und persönlicher Weiterentwicklung. Nichts verbindet sie mehr als der Zufall des damaligen Zusammentreffens. Trotzdem erweisen sich derartige „Freundschaften" als erstaunlich dauerhaft. „Die glaubt jetzt, dass sie etwas Besseres ist" oder „Ich halte diese trivialen Gespräche über Babynahrung, Shopping und abwesende Ehemänner nicht mehr aus", richten sie sich wechselseitig hinter ihrem Rücken aus. Doch dann findet unweigerlich das nächste Treffen statt.

Eine Ursache für den unterschiedlichen Umgang von Frauen und Männern liegt weit zurück. In den Sippen und Stämmen hing oft das Leben von Männern auf der Jagd oder im Krieg davon ab, dass sie sich mit den richtigen Kampfgenossen zusammentaten. Freunde nach ihrem Nutzen zu beurteilen, war daher etwas Selbstverständliches. Frauen waren dagegen davon abhängig, eine starke Verbundenheit mit möglichst allen anderen aufzubauen, um in der Phase ihrer Abhängigkeit, wenn sie schwanger waren, nicht hilflos zu bleiben. Freunde sind für Frauen daher ein Wert an sich und sie tun sich schwerer, diese nach ihrem Nutzen zu beurteilen und falls notwendig auch Konsequenzen zu ziehen.

Heute spielt die Sozialisation im Kindesalter eine wichtige Rolle. Für Mädchen ist es das höchste Ziel, die Beliebteste zu sein und möglichst viele Freundinnen zu haben. Konflikte werden indirekt über Gerüchte und Ausgrenzung ausgetragen. Für Burschen zählt dagegen der Platz in der Hierarchie. Besser der Boss in einer kleinen Bande als die Nummer drei in einer großen. Konflikte werden offen ausgekämpft.

Frauen, die erkennen, dass das Festklammern an alten Freundschaften sie in ihrer Entwicklung hemmt und beginnen, ihre Freunde bewusst auszuwählen, gelten oft als hart und berechnend. Die gute Nachricht ist, dass sich dieses Dilemma durch klare Entscheidungen lösen lässt. Opfere ich meine Beliebtheit zugunsten von Zielstrebigkeit? Bin ich bereit, mich von unechten Freundinnen zu trennen, die mir meine Erfolge neiden? Will ich wirklich weiterhin meine knappe Zeit mit

Freunden verbringen, die mich mit ihren Problemen ständig nach unten ziehen, sodass ich mich nach jedem Treffen erschöpft fühle? Da die Zeit für unsere Freunde nicht unbegrenzt vermehrbar ist, wird man nur frei für neue Freundschaften, wenn man es auch versteht, alte wertschätzend zu beenden. Und sollte man einander doch wieder begegnen und eine Wegstrecke nochmals gemeinsam bestreiten, ist es doppelt gut, im Guten auseinandergegangen zu sein.

Freunde sind für Gracián einzigartig und nicht austauschbar. Jeder kann eine andere wichtige Qualität für uns erfüllen. *Einige sind gut in der Ferne, andere in der Nähe. Mancher taugt nicht für die Unterredung, aber sehr für den Briefwechsel: denn die Entfernung nimmt einige Fehler hinweg, welche in der Nähe unerträglich waren. Nicht bloß Ergötzen, sondern auch Nutzen muss man aus seinem Freund schöpfen ... Denn der Freund ist alles in allem. Wenige taugen zu guten Freunden, und dass man sie nicht zu wählen versteht, macht ihre Zahl noch kleiner. Sie sich erhalten ist mehr, als sie zu erwerben wissen. Man suche solche, welche für die Dauer sein können, und sind sie auch anfangs neu, so beruhige man sich dabei, dass sie alt werden können ...*

Geld ist ersetzbar, Freundschaft nicht

Der Verlust eines wirklichen Freundes ist weit schlimmer als der einer bedeutenden Summe von Geld. Freunde sollen unsere Bedürfnisse decken und wir die ihren. Von dem einen werden wir lernen und nach jedem Gespräch bereichert gehen, mit dem anderen werden wir ehrlich lachen können. Nur eines sollen wir nie: Zeit totschlagen.

Verlieren wir tatsächlich einen Freund, ist es vor allem die Art des Verlustes, die das Ausmaß unseres Leidens bestimmt. Führt die Liebe den Freund in ein anderes Land, wird man ihm ehrlichen Herzens das Beste wünschen, ihn mit einem lachenden und einem weinenden Auge ziehen lassen. Wird uns ein Freund durch den Tod entrissen, werden wir längere Zeit stark leiden und der Schmerz wird in immer längeren Abständen für kurze Zeit wieder aufflammen. Irgendwann tritt jeder von uns in ein Lebensalter, in dem die Anzahl der Begräbnisse von Freunden jene der Hochzeiten und Taufen deutlich übertrifft. Die Frage, ob der Tag, an dem wir unseren letzten Freund begraben müssen, vor dem kommt, an dem wir selbst gehen müssen, lässt sich nicht mehr unterdrücken. Irgendwann reift die Einsicht, dass wir gegen das Schicksal nicht ankönnen.

> *Keine Einöde ist so traurig, als ohne Freund zu sein. Die Freundschaft vermehrt das Gute und verteilt das Schlimme: sie ist das einzige Mittel gegen das Unglück und ist das Freiatmen der Seele.*

Was Gracián so gefühlvoll formuliert, ist heute durch die Fakten der Wissenschaft abgesichert. Ebenso wie eine erfüllte Partnerschaft und ein befriedigendes Sexualleben sind Freunde ein wesentliches Element unserer Lebenszufriedenheit. Freundschaften verlängern sogar unsere Lebenszeit. Mehrere Studien mit einigen zehntausend Teilnehmern haben bewiesen, dass ein einsamer Mensch unabhängig von seinem Alter und Gesundheitszustand mit doppelt so hoher Wahrscheinlichkeit im nächsten Jahr sterben wird als einer, der sozial gut eingebunden ist. Keine Freunde zu haben stellt eine enorme seelische Belastung dar, weil wir unsere Sorgen mit niemandem teilen können. Daher ist die Angst vor dem Alleinsein tief in uns eingeprägt und wir sollten Ciceros Warnung ernst nehmen: „Wer die Freundschaft aus dem Leben streicht, nimmt die Sonne aus der Welt."

Warum Vertrauensbruch unser Herz zerreißt

Keine Freunde zu haben ist schlimm. Die tiefste, am schwersten verheilende Wunde ist aber, wenn ein Freund unser Vertrauen missbraucht. Dann kommt die Wut dazu, genährt von der immer wieder gewälzten Frage, wie wir uns denn so haben täuschen können, warum wir nicht schon am Anfang dessen Charakterschwäche erkannt haben. In endlosen inneren Dialogen werden wir dem Treulosen seinen Verrat vorwerfen und damit die kaum verheilten Narben neu aufreißen. Es reicht schon aus, wenn Unbeteiligte seinen Namen beiläufig erwähnen, um uns vor dem Einschlafen zu quälen. Sollten wir den falschen Freund bei einer Veranstaltung in der Menge entdecken, werden wir nur mehr darauf achten, ihm ja nicht zu begegnen. Die Angst davor verdirbt uns den ganzen Abend.

Die andere Seite des Treuebruchs ist, dass wir selbst Täter und nicht Opfer sind – manchmal ohne dass uns dies bewusst wird. Über Umwege dringt dann die Botschaft zu uns, was wir dem einstigen Freund angeblich aus niederen Motiven angetan haben. Entrüstet weisen wir diese Vorwürfe zurück. Nicht wir, sondern andere seien die Ursache für dessen Groll gegen uns. Nur durch Verblendung könne er das Offensichtliche nicht erkennen und verfolge uns mit seinen Wahnideen. Ob wir es wollen oder nicht, werden auch wir beginnen, Abneigung gegen den Verleumder zu entwickeln. Das Thema „Freunde, die zu Feinden wurden" ist eine der ergiebigsten Quellen für unnötiges menschliches Leid. Wenige haben es wie Gracián geschafft, in knappen Sätzen so klar diese Gefahr zu beschreiben und auch, wie man ihr begegnet.

Es nie zum Bruch kommen lassen:

Aus verdorbenen Freunden werden die schlimmsten Feinde ... Ist jedoch eine Entfernung nicht zu vermeiden, so sei sie zu entschuldigen und sei eher eine Lauheit der Freundschaft als ein Ausbruch der Wut: hier findet nun der bekannte Satz von einem schönen Rückzug treffende Anwendung.

Wir sollten nie unterschätzen, welcher Schaden aus zerbrochenen Freundschaften entstehen kann. *Gutes können uns nur wenige erweisen, Schlimmes fast alle.* Es ist unvorstellbar, welche negativen Energien verletzte Menschen freisetzen können. Auch wenn sie uns nach außen freundlich begegnen, lauern sie nur darauf, gegen uns vorzugehen. Um die Unbeteiligten für sich zu gewinnen, wollen sie ihre eigenen Fehler verdecken, indem sie unsere aufdecken. Und diese kennen sie als ehemals Vertraute besser, als uns lieb ist. Die Wahrheit bleibt dabei immer auf der Strecke, weil sich niemand dafür interessiert. Läuft es schlecht für uns, sprechen uns alle schuldig. Entweder hat uns am Anfang unser Frühwarnsystem im Stich gelassen oder es hat uns am Ende an der notwendigen Geduld gemangelt. Jedenfalls haben wir die Klugheit vermissen lassen. Denn wären wir dieser gefolgt, hätten wir eine entfremdete Freundschaft oder Beziehung nicht offen gebrochen, sondern langsam einschlafen lassen.

Fazit

Kein Zauber ist mächtiger als erzeigte Gefälligkeit, und um Freunde zu erwerben, ist das beste Mittel, sich welche zu machen. Das Meiste und Beste, was wir haben, hängt von anderen ab. Wir müssen entweder unter Freunden oder unter Feinden leben. Jeden Tag suche man

> einen zu erwerben, nicht gleich zum genauen, aber doch zum wohlwollenden Freund: einige werden nachher, nachdem sie eine prüfende Wahl bestanden haben, als Vertraute zurückbleiben.

Dieser Satz zeigt, dass es ein schweres Missverständnis wäre, dem „Handorakel" zu unterstellen, es würde in der Freundschaft eine reine Nutzenbeziehung sehen. Die Entscheidung über unsere Freunde ist für Gracián sogar eine der wichtigsten Lebensentscheidungen, die wir nach klaren Prinzipien treffen sollten: Auswahl statt Zufall. Aufschauen statt Herabsehen. Wachsen statt Stillstand. Vertiefung des Geistes anstelle von oberflächlichem Zeitvertreib. Trennung, wenn nötig, durch sanftes Ausklingen, niemals durch offenen Bruch.

Folgen wir diesen Maximen, zwingt uns das zu Differenzierung und Konsequenz. Zugespitzt formuliert, sollten wir nicht mehr Zeit für die Wahl unseres Autos oder unserer Kleidung aufwenden als für die unserer Freunde. Denn mit zunehmendem Alter wird sich ihre Zahl nicht erhöhen, sondern vermindern. Umso genauer müssen wir auch darauf achten, dass wir nicht einen wahren Freund ein Leben lang übersehen, bis es zu spät ist.

Haben wir einen Menschen nach umfassender Prüfung zum Freund erkoren, sollten wir ihm das Beste von uns geben. Falls uns das Gewissen mahnt, weil wir uns von einem treuen Freund immer nur hochheben lassen, wenn wir am Boden liegen, sollten wir auch das Schöne in unserem Leben mit ihm teilen. Ein Freund versteht unsere Vergangenheit, glaubt an unsere Zukunft und akzeptiert uns heute so, wie wir sind.

Über den Umgang mit Feinden

Die These:
Alles vermeiden, um sich Feinde zu machen

Der viel zitierte Wahlspruch „Viel Feind, viel Ehr" stammt vom Landsknechtsführer Georg von Frundsberg, der 1513 ein zahlenmäßig überlegenes venezianisches Heer bei Creazzo vernichtend schlug. Nach vielen weiteren blutigen Schlachten konnte er den Sold seiner Soldaten nicht mehr zahlen, weil er von seinem Kaiser im Stich gelassen wurde. Daraufhin meuterten seine aufgebrachten Männer und richteten ihre Waffen gegen ihn. Als Frundsberg ihnen mit letzter Kraft entgegentreten wollte, traf ihn plötzlich ein Hirnschlag, von dem er sich nie wieder erholte. Am Ende seines Lebens resümierte er: „Drei Dinge sollten jedermann vom Krieg abschrecken: die Verderbung und Unterdrückung der armen, unschuldigen Leute, das unordentliche und sträfliche Leben der Kriegsknechte und die Undankbarkeit der Fürsten."

Bei Beginn der ersten Kampfhandlungen unterschätzen die meisten Beteiligten die Dauer und die Folgen eines Krieges. Diese Erkenntnis lehrt uns schon Homer im Trojanischen Krieg, sie hat sich auch im Amerikanischen Bürgerkrieg, in den beiden Weltkriegen, im Vietnamkrieg, in Afghanistan und im Irak bewahrheitet. Das gilt nicht nur für die großen, sondern auch für die kleinen Kriege. Dort fließt zwar Gott sei Dank ganz selten

Blut, aber die seelischen Verwundungen sind oft noch verheerender. Berufliche Feindschaften, Ehekriege und andere persönliche Konflikte beginnen mit Nichtigkeiten, eskalieren immer mehr, um sich dann in jahrelangen Stellungskriegen auszutoben. Gelingt es nicht, private Konflikte ganz am Anfang mithilfe von Freunden, Mediatoren oder aus eigener Einsicht zu lösen, erreichen diese schnell einen Punkt, an dem beide Seiten glauben, nicht mehr zurückzukönnen. Wenn einmal mit Dreck geworfen, wenn Schmutzwäsche öffentlich gewaschen wird, wenn der Ehe- oder Geschäftspartner vertrauliche Unterlagen an die Steuerbehörden schickt, dann kommt auch eine bis dahin hoch angesehene Persönlichkeit nicht sauber davon.

Je mehr Energien man seinen Feinden widmen muss, desto weniger hat man, um seine Ziele zu erreichen und sein Leben zu genießen. Jene, die sich von ihrer Vernunft und nicht von ihren Emotionen leiten lassen, wägen daher genau ab und kommen meistens zu dem Schluss, dass es mutiger ist, sich nicht einzulassen, als vielleicht zu siegen.

Um Feindschaften zu vermeiden, ist es wichtig, den Mechanismus zu verstehen, der Unbeteiligte zu boshaften Neidern, Neutrale zu hinterlistigen Konkurrenten und Freunde zu erbitterten Feinden macht. Es beginnt mit harmlosen Verwicklungen, unbedachten Äußerungen über Abwesende, eitler Verteidigung der eigenen Ehre und endet in gefährlichen Konflikten. Gracián lehrt uns, wie wir das verhindern können.

1. Sich nicht verhasst machen

Man sollte alles unterlassen, was den Widerwillen anderer hervorrufen könnte. Denn Missgunst kommt ohnehin genug auf einen zu. Es gibt Menschen, die sich eifriger darum kümmern, anderen Schaden zuzufügen, als für sich Vorteile zu schaffen.

Wir sollten daher nicht zu jenen gehören, die sich darin gefallen, mit allen auf einem schlechten Fuß zu sein und Überdruss zu erregen. Sobald der Hass bei Menschen Fuß gefasst hat, so ist er, wie der schlechte Ruf, schwer auszurotten. So wie jeder anständige Mensch sollten auch wir nicht auf böse Zungen hören und Spötter sich selbst überlassen. Bezeugt man anderen dagegen Hochachtung, wird man diese auch ernten.

2. Nicht leicht Anlass nehmen, sich oder andere in Verwicklungen zu bringen

Es gibt Leute, die ständig gegen die Regeln des Anstands verstoßen und durch ihr schlechtes Benehmen provozieren: Rapper, die zum Blutvergießen aufrufen, um ihre Verkaufszahlen hochzupushen, Hooligans, die beharrlich eine Rauferei suchen, oder aggressive Schmarotzer, die meinen, sie hätten ein Recht auf unsere Mildtätigkeit. Man kommt leicht mit ihnen zusammen und mit Unannehmlichkeit wieder auseinander. Man braucht nur mit der U-Bahn zu fahren und schon wird man einen treffen, der am Bahnsteig raucht oder im Waggon seine schmutzigen Schuhe demonstrativ auf den Sitz neben uns legt. Vielleicht meldet sich jetzt eine innere Stimme, dass man nicht immer nur wegschauen kann und es vielleicht nur eines freundlichen Hinweises bedarf, um jemanden an die Grundsätze des Miteinanders zu erinnern. Doch Achtung: Manche Menschen sind darauf programmiert, Streit zu suchen. Die hundert Verdrießlichkeiten des Tages sind ihnen zu wenig, sie brauchen ständig jemanden, um ihre schlechte Laune an ihm auszulassen. Wenn der Kluge einem von ihnen begegnet, lässt er sich nicht auf ihn ein, würdigt ihn nicht eines Blickes und lässt ihn ein anderes Opfer suchen.

3. Ehrensachen meiden

Nach heutigen Schätzungen focht etwa ein Viertel der Adeligen noch im 19. Jahrhundert mindestens einmal im Leben ein Duell aus. Berühmte Duellopfer waren der US-amerikanische Politiker Alexander Hamilton, der russische Dichter Alexander Puschkin oder der Arbeiterführer Ferdinand Lassalle. Heute führt eine unbedachte Äußerung nicht zum Besuch eines Sekundanten des Beleidigten, sondern zu einem Brief seines Anwalts. An einem hat sich nichts geändert: Vorsicht, wenn man glaubt, seine Ehre verteidigen zu müssen. Aufbrausende Charaktere und Menschen mit geringem Selbstwertgefühl sind besonders gefährdet, sich auf Ehrensachen einzulassen. Besonnene Menschen ruhen dagegen in ihrer Mitte und lassen sich nicht zu extremen Reaktionen hinreißen. Sie wissen, dass es viel leichter ist, Angelegenheiten jener Art auszuweichen, als mit Glück aus diesen herauszukommen.

Jeder, der sich schon einmal hat hinreißen lassen, einen anderen wegen einer Lappalie zu klagen, weiß, wie kurz die innere Befriedigung dauert und wie endlos lange sich ein Gerichtsverfahren hinziehen kann. Am Ende hat man meist viel gutes Geld und noch mehr Stunden guten Schlafes verloren. Eine Ehrensache führt oft eine andere, schlimmere Affäre herbei, und dabei kann die eigene Ehre leicht sehr zu Schaden kommen. Der ehemalige österreichische Bundeskanzler Fred Sinowatz klagte einst einen Journalisten, weil dieser behauptet hatte, er habe in einer Sitzung des Parteivorstandes eine Kampagne gegen den Präsidentschaftskandidaten Kurt Waldheim angekündigt. Der Prozess vor dem Bezirksgericht geriet für den schon zurückgetretenen Bundeskanzler Sinowatz zum Fiasko. Er verlor und wurde in seinem Ansehen beschädigt. Im Gegensatz zu seinem späteren Nachfolger Wolfgang Schüssel hat er das „Handorakel" nicht gelesen.

4. Sich nicht mit dem einlassen, der nichts zu verlieren hat

Es gibt Gegenden auf der Welt, in denen man für die Schuhe, die man trägt, umgebracht werden kann, wenn man sie einem Räuber nicht sofort überlässt. Dieser tritt sorglos auf, denn er hat mit allem abgeschlossen und weiter nichts zu verlieren. Daraus kann man ersehen, dass jede Konfrontation mit so einem Gegner ein ungleicher Kampf ist. Der andere hat nichts zu verlieren, wir dagegen unser Leben.

In beruflichen und privaten Kriegen riskieren wir zwar nicht unser Leben, aber unseren guten Ruf, den zu erwerben uns so viele Jahre gekostet hat. Vor jeder Auseinandersetzung sollten wir unser eigenes Ansehen und das des anderen genau abwägen. Nur diese Prüfung ermöglicht zu entscheiden, ob wir uns nicht besser rechtzeitig zurückziehen und unsere Reputation in Sicherheit bringen sollten. Auch das Nichteinlassen fordert von uns oft einen hohen Preis. Unseren Geschäftspartner nicht zu klagen, wenn wir erkennen müssen, dass er uns betrogen hat, bedeutet, den Verlust von Geld hinzunehmen. Noch viel mehr leiden wir darunter, dass wir damit einen Vertrauensbruch ungesühnt lassen. Diese Rachegefühle dürfen uns nicht daran hindern, nüchtern alle Gefahren für uns abzuschätzen. Es gibt nichts zu gewinnen in Kriegen mit Menschen, die wie Terroristen bereit sind, sich und andere in die Luft zu sprengen. Fast immer werden wir selbst bei einem glücklichen Ausgang viel verlieren. Und umso mehr bei einem unglücklichen.

5. Nicht eine Angelegenheit aus dem machen, was keine ist

Es gibt Menschen, die sich jede kleinste Ungerechtigkeit so zu Herzen nehmen, dass sie eine bedeutende Angelegenheit daraus machen. Niemand, der das Kleingedruckte eines Mietwagenvertrages genau liest, dürfte diesen guten Gewissens unterschreiben. Alles ist zulasten des Mieters ausgelegt. Überprüft man dann die endgültige Abrechnung genau, mag es schon passieren, dass einige Euro für Zuschläge auftauchen, über die man nicht nur streiten kann, sondern eindeutig „Abzocke" sind. Passiert das im Inland, wird man wahrscheinlich mit einem Anruf oder einer E-Mail eine gütliche Einigung erzielen. Ich kenne aber Menschen, die sich einen Anwalt auf einem anderen Kontinent nehmen, um zwölf Euro einzuklagen. Sie ignorieren einen wichtigen Ratschlag von Gracián: *Es ist sehr verkehrt, wenn man sich das zu Herzen nimmt, was man in den Wind schlagen sollte. Viele Sachen, die wirklich etwas waren, wurden zu nichts, weil man sie ruhen ließ: und aus anderen, die eigentlich nichts waren, wurde viel, weil man sich ihrer annahm. Anfangs lässt sich alles leicht beseitigen, späterhin nicht. Oft bringt die Arznei die Krankheit hervor. Und nicht die schlechteste Lebensregel ist: ruhen lassen.*

Wenn wir alles verhindern, um uns nicht leichtfertig in Konfrontationen verwickeln zu lassen, bleibt ein Dilemma. Tragen wir nicht zur Ungerechtigkeit in der Welt bei, wenn wir zulassen, dass Verleumder, Betrüger oder Provokateure ungestraft davonkommen? Stärken wir nicht unsere Feinde, wenn wir ihnen immer ausweichen? Und gibt es nicht Situationen, wo uns gar kein Ausweg bleibt, als uns zu wehren?

„Sich keine Feinde machen" und „Viel Feind, viel Ehr" sind die Eckpunkte einer Skala. Es gibt aber viele Möglichkeiten dazwischen. Es liegt an uns zu entscheiden, wann wir unsere Feinde scheinbar gewähren lassen. Falls es uns gerade gar nicht gut geht damit, dürfen wir uns in Gedanken mit einem alten chinesischen Sprichwort trösten: „Wenn Du lange genug an einem Fluss wartest, schwimmen die Leichen Deiner Feinde an Dir vorbei."

Die Ratschläge des „Handorakels" können uns wie ein Seismograf davor warnen, aus kleinen Irritationen große Konflikte werden zu lassen. Es wird aber auch Situationen geben, wo wir mit dem Leitspruch „Mache Dir keine Feinde" Gefahr laufen, unser Ansehen, unser Vermögen oder unsere Ideale zu verlieren. Das führt zur Gegenthese, die uns zeigt, wie wir mit Klugheit, List und Entschiedenheit unsere Feinde besiegen.

Die Gegenthese:
Feinde nicht scheuen – zu siegen wissen

„Liebet eure Feinde" ist einer der bekanntesten Bibelsprüche. Mein spiritueller Mentor, der Benediktinermönch Bruder David Steindl-Rast, hat mich einmal mit der Aussage „Man muss erst Feinde haben, um sie dann lieben zu können" überrascht. Ich habe das so verstanden, dass es auch legitim ist, sich Feinde zu machen, kämpft man für eine gute Sache. Die Herausforderung, seine Gegner zu lieben, werden wohl nur wenige schaffen. Sie können sich dafür an Mark Twain halten: „Ehe man anfängt, seine Feinde zu lieben, sollte man seine Freunde besser behandeln."

Das „Handorakel" legt uns die Latte im Umgang mit unseren Feinden nicht ganz so hoch: Wir sollten jedenfalls ein redlicher Widersacher sein und nicht ein unwürdiger. Alles, was nach Verrat auch nur riecht, befleckt den guten Namen. Gerade in Zeiten, in denen Treue und Ehre aus der Welt verschwunden zu sein scheinen, zählt menschliche Größe umso mehr. Erst recht, wen sie einem von seinen Gegnern zugeschrieben wird. Die Waffen, die uns Gracián empfiehlt, sind vor allem psychologischer Natur.

1. Haare auf den Zähnen haben

> Den toten Löwen zupfen sogar die Hasen an der Mähne. Mit der Tapferkeit lässt sich nicht Scherz treiben. Gibst du dem Ersten nach, so musst du es auch dem anderen, und so bis zum Letzten; und spät zu siegen, hast du dieselbe Mühe, die dir gleich anfangs viel mehr genutzt hätte. Der geistige Mut übertrifft die körperliche Kraft: er sei ein Schwert, das stets in der Scheide der Klugheit ruht, für die Gelegenheit bereit ... Nicht ohne Absicht hat die sorgsame Natur, in der Biene, die Süße des Honigs mit der Schärfe des Stachels verbunden ...

Der Ruf, dass man im Ernstfall bereit ist, wie ein Löwe zu kämpfen, kann der beste Schutz vor Angriffen sein. Wer allerdings keinen Hauch von Löwennatur in sich entdecken kann, sollte nicht in die Falle gehen, anderen einen Löwen vorspielen zu wollen. In der freien Wildbahn ist das Schauspiel von kurzer Dauer, wenn ein Lamm versucht, am Tisch der Löwen Platz zu nehmen. Löwen essen nicht mit Lämmern, Löwen fressen Lämmer. Zwar nicht tödlich, aber peinlich wirken die Anstrengungen, wenn Werbeagenturen versuchen, kreuzbrave Dackel-Politiker im Wahlkampf in brüllende Löwen umzuwandeln. In die gleiche Kategorie fallen Managementseminare, in denen konfliktscheue Menschen als Kampfhennen oder Kampfhähne trainiert werden.

2. Nie sich nach dem richten, was der Gegner jetzt zu tun hätte

Wie oft wurde man von einer Handlung eines Gegners überrascht, die doch offenkundig zu dessen eigenem Nachteil war. Dadurch, dass man aber genau darauf nicht vorbereitet war, hat es dem Kontrahenten tatsächlich einen Vorteil gebracht. Alexander der Große hat viele Schlachten gewonnen, indem er das damals gültige Prinzip der Kriegsführung, den Feind an seiner geschwächten Seite anzugreifen, umkehrte und ihn dort frontal attackierte, wo dieser sich am stärksten fühlte. Alexander vernachlässigte dafür die anderen Frontabschnitte, denn er wusste, dass der Feind moralisch zusammenbrach, sobald er ihn einmal an dessen stärkstem Punkt besiegt hatte. Der Gegner handelt meist anders als geplant, entweder aus Dummheit oder wie im Fall von Alexander aus Klugheit. *Der Dumme wird nie das tun, was der Kluge angemessen erachtet, weil er das Passende nicht herausfindet: ist er hingegen ein wenig klug, so wird er einen Schritt, den der andere vorhergesehen, ja ihm vorgebaut hat, gerade deshalb nicht ausführen ... Die Urteile sind verschieden: der Unentschiedene bleibe aufmerksam und nicht sowohl auf das, was geschehen wird, als auf das, was geschehen kann, bedacht.*

3. Die Verachtung zu handhaben verstehen

Es ist ein Trick der Unwürdigen, als Gegner großer Menschen aufzutreten, um auf indirektem Weg zu der Berühmtheit zu gelangen, welche sie auf dem direkten, durch Verdienste, nie erreicht hätten. Von vielen hätten wir nie etwas erfahren, hätten ihre ausgezeichneten Gegner sich nicht um sie gekümmert. Verwegene Herausforderer versuchen sich oft einen Namen zu machen, indem sie Persönlichkeiten, die in hohem Ansehen stehen, persönlich angreifen oder deren Werk diffamieren. Meist ist es klüger, die Verleumder unbeachtet zu lassen, als gegen sie anzukämpfen. Die Verachtung ist die klügste Rache. Es ist eine feste Maxime der Weisen, sich nicht öffentlich für alle erkennbar zu verteidigen, denn dadurch würden sie die Aufmerksamkeit für ihren Widersacher erst erhöhen. Die schlimmste Rache ist, ihren Namen nie in den Mund zu nehmen, und so wird dieser auch wieder ganz schnell in Vergessenheit geraten.

Der langjährige deutsche Bundeskanzler Helmut Kohl hat es durchgehalten, dem wichtigsten deutschen Nachrichtenmagazin, dem „Spiegel", nie ein Interview zu geben. Das galt als Vergeltung für die vielen Demütigungen, die er durch den „Spiegel" erdulden musste. Letztlich hat die wechselseitige Verachtung den Mythos beider nur verstärkt. Hier der unerbittliche Kanzler, der nicht einmal den Namen des „Spiegel" in den Mund nahm, dort das kritische Magazin, das sich vor dem Krieg mit dem Mächtigen nicht scheut.

4. Über Nebenbuhler und Widersacher zu triumphieren verstehen

> *Sie zu verachten reicht nicht aus, wiewohl es vernünftig ist; sondern Edelmut ist die Sache. Über jedes Lob erhaben ist, wer gut redet von dem, der von ihm schlecht redet. Keine heldenmütigere Rache gibt es als die der Talente und Verdienste, welche die Neider besiegen und martern. Jede neu erlangte Stufe des Glücks ist ein festeres Zuschnüren des Stranges am Hals des Missgünstigen, und der Ruhm des Angefeindeten ist die Hölle des Nebenbuhlers: es ist die größte aller Strafen, denn aus dem Glück bereitet sie Gift. Nicht einmal stirbt der Neider, sondern so oft, als das Beifallsrufen dem Beneideten ertönt: die Unvergänglichkeit des Ruhmes des einen ist das Maß der Qual des anderen: endlos lebt jener für die Ehre und dieser für die Pein. Die Posaune des Ruhmes verkündet jenem Unsterblichkeit, diesem den Tod durch den Strang, wenn er nicht abwarten will, dass der Neid ihn verzehrt habe.*

Fazit

Die vielen Appelle an die Vorsicht und Zurückhaltung von Gracián sind eindeutig vom Geist des Ignatius von Loyola beeinflusst. Dieser stand selbst unter strenger Beobachtung durch die Inquisition. Sogar in der Kommunikation bediente Ignatius sich des doppelten Briefeschreibens. So wurden Berichte aus den Missionen für die Bischöfe und Fürsten in den leuchtendsten Farben dargestellt, um ihnen das Gefühl zu geben, dass sie mit ihrer Unterstützung bei einer erfolgreichen Sache dabei sind. Auch für potenzielle Kandidaten für die Gesellschaft Jesu waren derartige Erfolgsgeschichten wichtig. Doch neben den „Erfolgsberichten" gab es auch immer ehrliche Zustandsbeschreibungen, die Ausgangspunkt für die Suche nach den Ursachen von Misserfolgen waren, um dann neue Strategien erproben zu können. Heute droht zwar nicht die Inquisition, sehr wohl aber die interne Revision, die als Waffe von übel gesinnten Konkurrenten eingesetzt wird. Das anonyme Denunziationsschreiben wurde durch die Bcc-Funktion (Blindcopy) in E-Mails ersetzt.

Die oberste Maxime Graciáns ist, sich gar keine Feinde zu machen, indem wir unnötige Verwicklungen vermeiden, die zu Konflikten oder gar zu Kriegen führen können. Der Kluge weiß, dass er im Streit immer mehr zu verlieren als zu gewinnen hat. Wer keine Feinde hat, schläft gut und lebt lange. Das ist nur leider nicht immer möglich. Es gibt Menschen, die von Neid, Boshaftigkeit, Gier oder krimineller Energie getrieben werden. Dann kommt der Punkt, wo wir auch das Schwert zu führen wissen müssen. Meist sollte es schon reichen, auf die Scheide zu zeigen, in der es ruht, manchmal müssen wir es ziehen. Wenn wir das tun, dann in der Gewissheit, dass wir es zu führen verstehen.

Werden wir gezwungen, einem Feind entgegenzutreten, weisen viele Wege zum Sieg. Es ist einfacher, heldenhaft als weise zu sein. Mit Geschick wurden aber mehr Dinge erreicht als mit Gewalt, und öfter haben die Klugen die Tapferen besiegt als umgekehrt. Im Krieg um Troja hat letztlich Odysseus seinen Feind Hektor besiegt und seinen Freund Achilles überlebt. Wo es mit Gewalt nicht geht, ist Geschicklichkeit gefordert. Wer sein Vorhaben durchsetzt, wird nie sein Ansehen verlieren, weil die Geschichte immer von den Siegern geschrieben wird.

Herz oder Kopf – im Schraubstock der Gefühle

Ich bin ein Autor, dem die Reaktionen auf seine Bücher genauso wichtig sind wie die Bücher selbst. Beim Lesen der E-Mails und Briefe habe ich erkannt, dass es ein Thema gibt, welches immer wieder auftaucht. Es ist dies die Suche nach dem Ausweg aus einem persönlichen Dilemma.

Ohne Anspruch auf Vollständigkeit zu erheben, werden wir drei symptomatische Spannungsfelder beleuchten:
1. Das Dilemma zwischen Sehnsucht und Realität
2. Das Dilemma zwischen Wissen und Handeln
3. Das Dilemma zwischen Sicherheit und Entwicklung

1. Das Dilemma zwischen Sehnsucht und Realität

„Mein Mann ist ‚erst 40' und ich lebe mit ihm und unserer 14-jährigen Tochter zusammen. Ich würde lieber heute als morgen gehen, doch ich bin derzeit finanziell total abhängig, was ich nie wollte, aber es hat sich schleichend so entwickelt. Zudem hätte ich, wenn ich gehen würde, ein schlechtes Gewissen meiner Tochter gegenüber. Die Vorstellung, gar nicht mein Leben zu leben, macht mir viel mehr Angst als das Sterben oder der Tod. Sie sehen, es ist eine ganz schöne Zwick- und Gedankenmühle, in der ich mich zurzeit bewege."

„Soll ich meinem Verstand oder meinem Herz folgen?" So einleuchtend diese Frage auf den ersten Blick erscheint, so wenig hilfreich ist sie. Wir sehen die Welt mit zwei Organen. Das sind nicht die Augen. Wir erfassen die Welt mit unserem Herz und unserem Gehirn. Unsere inneren Konflikte zwischen Vernunft und Gefühl entstehen immer dann, wenn wir das Ganze nicht mehr sehen können, wenn wir zulassen, dass sich unsere Perspektive immer mehr verengt. Es ist eine Selbsttäuschung zu glauben, wir könnten den „Weg unseres Herzens" oder den „Weg der Vernunft" gehen. Denn unabhängig davon, für welche Richtung wir uns an der Weggabelung entscheiden, die Stimme, die wir übergangen haben, wird sich umso lauter zu Wort melden und für kräftige Dissonanzen sorgen.

Lösen werden wir das Dilemma nur können, indem wir unsere Gefühle und unseren Verstand in Einklang bringen, nicht wenn wir uns von einem Teil in uns abschneiden. Das sagt sich leicht, doch jeder, der schon einmal täglich den Demütigungen eines anderen ausgesetzt war, weiß, wie viel Wut über die eigene Hilflosigkeit sich aufstaut. Der Wunsch nach dem Ausbruch wird immer mächtiger, um von der Erkenntnis niedergeschmettert zu werden, dass die Kraft dafür nicht ausreicht. Die Angst vor den Konsequenzen ist dann doch wieder einmal zu groß. An körperliche Schmerzen kann man sich nicht gewöhnen, seelische Qualen dagegen erstaunlich lange aushalten. Die Gehirnforschung zeigt sogar, dass diese irgendwann zur Sucht werden können.

Kehren wir zum ursprünglichen Dilemma, entweder den Schein zu wahren und eine lieblose Beziehung aufrechtzuerhalten oder sich zu trennen und reinen Tisch zu machen, zurück. Es bewegt viele Frauen und Männer. Um den Ursprung dieser „Zwickmühle" zu erforschen, kann es für jeden hilfreich sein, geistig eine lange Wegstrecke zurückzugehen und sich zu fragen: Wann hat es angefangen?

Irgendwann begannen sich die Momente zu häufen, in denen wir uns sehr genau vorstellen konnten, wie gut es wäre, sich zu trennen. Das könnte der Frühstückskaffee nach einem Abendessen gewesen sein, bei dem zwar gesprochen, aber nicht einmal mehr der Versuch unternommen wurde, in die Gedankenwelt des anderen vorzudringen. Folgte dem Essen noch das „Gute-Nacht-Bussi" im Bett und eine von ungezählten Nächten ohne Sex, Berührung und Zärtlichkeit, kommt am Morgen auf einmal der Gedanke: „Das kann doch nicht mein Leben gewesen sein."

Es gibt Zeitpunkte, an denen wir klar denken und unsere Sehnsüchte sehr genau artikulieren können, und andere, an denen wir von den faktischen Umständen völlig blockiert werden. Kommt das Monatsende, werden die Zahlungen für Miete, Daueraufträge, Rückzahlung der gemeinsam unterschriebenen Schulden und vieles mehr auf einmal sehr konkret. Die Sorge, diese allein tragen zu müssen, macht sich breit. Wir beginnen eine mögliche Trennung mit allen rechtlichen und finanziellen Folgen durchzudenken. Wenn es im Beruf gerade besonders hoch hergeht und unser Kind ins Spital gebracht werden muss, wird uns am Abend, wenn wir erschöpft nach Hause kommen, wieder bewusst, wie selbstverständlich es ist, dass wir einen Partner haben, der einspringen kann. Wenn im gemeinsamen Urlaub zwar keine romantischen Augenblicke mehr entstehen, dieser aber angenehmer als befürchtet verläuft, steigen schnell Bilder auf, wie es wäre, ganz allein unter lauter Paaren beim Abendessen beobachtet zu werden. Diese vielen kleinen Gedankenspielereien verdichten sich dann immer wieder zu dem Gefühl: „So schlecht ist das alles auch wieder nicht." Wir akzeptieren zu früh die Unabdingbarkeit und sagen uns: „Jetzt geht es eben nicht." Tauchen diese Momente zu oft auf, verfestigt sich immer mehr ein Leben, das wir so gar nie führen wollten.

Auch seine Gefühle sollte man kritisch prüfen. Wenn man sich in seiner Fantasie mit dem oder der Geliebten auf einer traumhaften Insel am Strand spazieren gehen sieht und sich dabei immer wieder der Körper mit Kopfschmerzen meldet, dann sollte man diese Regungen zumindest nicht ignorieren. Das Gleiche gilt, falls in unseren romantischen Fantasien auf einmal die Gesichter der traurigen Kinder auftauchen. Die berühmten Plus-Minus-Listen nützen gerade in diesen Situationen wenig, danach sind wir genauso klug wie davor. Hilfreich könnte es hingegen sein, beide Wege zu imaginieren und genau darauf zu achten, welcher Wohlbehagen und Zuversicht oder Angst und Schmerzen auslöst. In „Meine letzte Stunde" habe ich beschrieben, wie wir bei wichtigen Entscheidungen unsere letzte Stunde als Freund in die Gegenwart holen können, um diese Weggabelungen besser zu beurteilen. Das Buch hat, wie ich aus vielen Leserreaktionen weiß, sowohl zu Trennungen als auch zu Hochzeiten geführt. Manchmal bedarf es eines Anstoßes von außen, damit es zur Klärung kommt, ob eine Loslösung tatsächlich Befreiung für uns bedeuten würde oder ob wir uns in unserem Innersten gar nicht trennen wollen. Allein auf die vage Hoffnung, dass es uns in der nächsten Partnerschaft besser gehen wird, sollten wir nicht bauen. Es geht nicht um Kopf oder Bauch, sondern um die bestmögliche Entscheidung für uns selbst und alle Beteiligten.

Das Dilemma zwischen „Das ist nicht das Leben, das ich führen wollte" und „Ich kann da jetzt nicht raus" hat auch eine männliche Seite. Die Männer des 21. Jahrhunderts sind noch viel stärker von einem archaischen Trieb gesteuert, als ihnen das bewusst ist: die ständige Jagd nach Trophäen, die sie aber nicht glücklich machen. Das raubt ihnen so viel Energie, dass ihnen die Kraft fehlt, einmal innezuhalten und sich die Frage zu stellen: „Warum mache ich das eigentlich?", „Will ich das eigentlich?", oder: „Wer zwingt mich dazu?" Es bedarf meist

Scheidungen, Krankheiten, Unfälle oder Kündigungen, damit Männer gezwungen werden, sich solchen Fragen zu stellen. Erst diese dramatischen Brüche reißen sie aus dem ständigen Lärm von Plänen, Aktivitäten, Kämpfen, Triumphen und bitteren Niederlagen. Plötzlich finden sie sich in der Stille eines Krankenbetts oder eines Hotelzimmers.

Archetypisch könnte man das Dilemma von Sehnsucht und Realität auf den Punkt bringen: Die Frau weiß, was sie will, kann es aber nicht tun. Der Mann könnte es tun, weiß es aber nicht. Das sind natürlich zwei Pole, zwischen denen Sie sich eher auf der männlichen oder weiblichen Seite wiederfinden können, unabhängig davon, welches Geschlecht Sie haben.

Das „Handorakel" stellt die beiden Pole Herz und Kopf an den Anfang aller Betrachtungen des Lebens. Jahrhunderte bevor die moderne Forschung die unterschiedlichen Bereiche und deren Vernetzung im Gehirn entdeckt hat, macht Gracián schon in seiner zweiten Regel klar, dass Vernunft und Gefühl untrennbar miteinander verbunden sind.

Herz und Kopf: die beiden Pole der Sonne unserer Fähigkeiten: eines ohne das andere, halbes Glück. Verstand reicht nicht hin; Gemüt ist erfordert.

Gracián war eben nicht nur ein großer Denker, sondern auch ein visionärer Psychologe. Er hilft uns die kleinsten Partikel in uns selbst und anderen zu erkennen. Wenn wir diese präzise beobachten, wie sie sich zu Torheit, Ignoranz, Blindheit, Wut und Angst zusammenballen, dann können wir die minimalsten Verwerfungen schon im Ansatz erkennen und verhindern, dass sie zum Ausbruch gelangen. Fast alle Dilemmata brodeln zuerst auf kleiner Flamme in uns dahin. Entdecken wir erste Warnsignale, so versuchen wir meist, diese zu verharmlosen; sind sie unübersehbar geworden, weigern wir uns, offen darüber zu reden.

**Das Sprachlosigkeits-Dilemma:
Etwas fühlen, es aber nicht auszusprechen wagen**

Es gibt Menschen, die können sich schon in belanglosen Dingen wie ihrem Musikgeschmack nicht deklarieren. Musikantenstadl oder Lady Gaga, Reinhard Mey oder Robbie Williams, Coldplay oder Céline Dion? Bereits beim ersten Rendezvous fragen sie den anderen zuvorkommend danach, um dann völlig unabhängig von den eigenen Vorlieben dem anderen begeistert zuzustimmen. Nehmen wir an, dem ersten Rendezvous folgt ein zweites, das irgendwann zu einer Beziehung und letztlich zu einer Ehe führt. Wird eine Beziehung zwischen zwei Menschen von Anfang an auf der Unehrlichkeit gegenüber ihren Sehnsüchten aufgebaut, steht sie auf wackeligen Beinen. So kann der Urlaub am Meer mit lange in der Sonne rösten, ins Meer gehen, um danach in der Sonne weiterzubraten, in den Anfangsjahren für beide das Optimum sein. Irgendwann sehnt sich aber einer der beiden nach mehr Abwechslung, dem Wechsel zwischen Kultur, Erholung ohne Hitze und langen Wanderungen, während der andere am klassischen Meerurlaub hängt. Das Dilemma lautet: Wie sage ich es meinem Partner, ohne auf eine Mauer des Unverständnisses zu treffen und unnötige Konflikte heraufzubeschwören? Viele Paare lösen das so, indem sie gar nichts sagen. Das ist der zuverlässigste Weg, damit sich der Virus der Sprachlosigkeit langsam ausbreiten kann.

Dies erinnert an die Geschichte des alten Ehepaars, in der er ihr beim Frühstück immer die obere Seite der Semmel gegeben und sich selbst die untere genommen hat. Bei einem Streit wirft ihm die Frau an den Kopf: „Seit 40 Jahren muss ich immer den Oberteil der Semmel essen, während Du die Unterseite für Dich behalten hast, Du Egomane." Darauf entgegnet der Mann tief getroffen: „Aber Schatz, ich war fest davon überzeugt, dass Du die obere Hälfte der Semmel viel lieber hast." In dieser Geschichte geht es nicht um das kulinarische „Brust oder Keule"-Dilemma, sondern darum, dass mangelnde Achtsamkeit in der Banalität des Alltags zu Gewohnheiten führt, die nie mehr hinterfragt werden. Nichts tötet Sehnsüchte nachhaltiger als Routine.

Wir hätten es viel einfacher, wenn wir uns zu unseren Sehnsüchten bekennen würden. Es ist gar nicht so leicht, die Stimme der Zärtlichkeit, der Intimität, der Berührung, der Zartheit in uns selbst zu hören, weil wir so mit anderen Dingen beschäftigt sind. Auch der Wunsch nach sexueller Erfüllung gehört dazu. Wie viele Jahrhunderte der Tränen und Verfolgung hat es gedauert, bis man zumindest in aufgeklärten Ländern Männern die Liebe zu Männern und Frauen die Liebe zu Frauen zugestanden hat. Der explosionsartige Erfolg der „Shades of Grey"-Bücher bei Frauen lässt nur erahnen, wie tief der See der unerfüllten sexuellen Fantasien und wie trocken der eheliche Alltag ist. Wie schwer fällt es vielen offensichtlich, mit seinem Partner über seine geheimen Sehnsüchte zu sprechen. Nur darauf zu hoffen, dass er diese nach drei, dreizehn oder dreißig Jahren errät, ist offenkundig kein taugliches Rezept.

Unbefriedigte Sexualität verschärft das Dilemma der Monogamie. Die Achtzehnjährige und ihr neunzehnjähriger Freund, die einander am Altar die ewige Treue schwören, werden diesen Eid wohl nach zwanzig Jahren anders bewerten. Vor allem dann, wenn ihre Zweifel wachsen, wie weit sich der andere noch daran gebunden fühlt. Und irgendwann flüchten sich beide in die Sprachlosigkeit über dieses Thema. Sie wissen, dass es gut wäre, darüber zu reden, tun es aber nicht. Das ist das Ur-Dilemma, die Abweichung des Wissens vom Tun.

2. Das Dilemma zwischen Wissen und Handeln

Sobald man merkt, dass die Batterieleistung einer Fernbedienung immer schwächer wird, versucht man das durch stärkeres Drücken der Tasten zu kompensieren. Man muss nicht Physik studiert haben, um zu wissen, dass man aus einer Batterie keinen zusätzlichen Saft wie aus einer Zitrone pressen kann. Trotzdem halten viele an dieser grotesken Verhaltensweise fest und sie wird zu einer skurrilen Gewohnheit, die man nicht mehr ablegt. In fremden Hotels, wo man nach Mitternacht über keine Ersatzbatterien verfügt, kann das sogar zwanghaft werden. Unangenehmerweise handeln wir nicht nur bei harmlosen Banalitäten wider besseres Wissen, sondern auch in Fällen, bei denen es um die Grundfragen unseres Lebens wie sinnerfüllte Arbeit, liebevolle Beziehungen oder unsere Gesundheit geht.

Je mehr man weiß, desto größer kann die Kluft zum tatsächlichen Handeln werden. Torheit oder Ignoranz hilft zwar oft lange Zeit, die Kluft zwischen dem, was jemand tut, und dem, was gut für ihn wäre, auszublenden, aber irgendwann wird der Widerspruch so groß, dass es zu schweren Krisen kommt.

Besonders belastend wirkt sich das Dilemma zwischen Wissen und Handeln aus, wenn es zwar auf sehr wahrscheinlichen, aber nicht zu hundert Prozent abgesicherten Fakten beruht. In der Politik hat sich der US-Präsident George W. Bush desavouiert, weil er wegen vermuteter Massenvernichtungswaffen, die aber nie gefunden wurden, im Irak einmarschiert ist. Es ist leicht, mit dem Finger auf Bush zu zeigen, viel schwieriger ist es, bei heiklen Situationen im eigenen Umfeld zu entscheiden. Soll man eine Freundin darauf aufmerksam machen, dass deren Sohn Drogen nimmt, weil er diese gerade der eigenen Tochter angeboten hat? Wird die Mutter für diesen Hinweis dankbar sein oder durch den Schock nicht eher mit Verdrängung reagieren und die Freundschaft abkühlen lassen? Ihr Sohn wird sie zu beruhigen wissen, indem er das alles als dummen Scherz darstellt. Wie gehen wir mit dem durch nächtliche Schreie begründeten Verdacht um, dass der Nachbar seine Frau schlägt? Informieren wir die Polizei und setzen uns damit der Gefahr einer Verleumdungsklage aus, wenn die Frau aus Angst alles bestreitet? Ein dramatisches Beispiel dafür, wie sehr Wissen uns quälen kann, ist ein medizinischer Befund, der die mögliche Bedrohung durch eine lebensgefährliche Erkrankung dokumentiert. Patienten stehen dann vor der schwierigen Entscheidung, sich operieren zu lassen oder abzuwarten und zu hoffen.

Manche Dilemmata lösen sich von selbst, manche heilt die Zeit und bei anderen müssen wir eine Kluft überspringen, die uns unüberwindbar scheint.

3. Das Dilemma zwischen Sicherheit und Entwicklung

Sicherheit ist ein zentrales Grundbedürfnis des Menschen. Wir wollen auch morgen zu essen, einen Platz zum Wohnen und ein fixes Einkommen haben. Je mehr wir besitzen, desto größer wird das Bedürfnis, es gegen Verlust abzusichern. Auch in der Partnerschaft legen die meisten Menschen Wert auf eine gewisse Stabilität. Wir möchten nicht ständig fürchten müssen, betrogen oder gar verlassen zu werden, nur weil unser Partner jemanden kennenlernt, von dem er sich spontan angezogen fühlt. Wer sich aber von seinem Sicherheitsbedürfnis versklaven lässt, dessen persönliche Entwicklung wird im Stillstand enden. Statt Möglichkeiten zu sehen, wird er immer das

Schlimmste befürchten und anderen mit Argwohn begegnen. Im Privatleben wird er seinen Partner überwachen und der Untreue verdächtigen, was irgendwann dazu führen wird, ihn tatsächlich zu verlieren.

Richten wir unser gesamtes Leben nur mehr auf die Absicherung aus, blockieren wir das zweite Grundbedürfnis, den Wunsch nach Weiterentwicklung. Fühlen wir uns im Job unterfordert, dann sehnen wir uns nach einem interessanteren. Vielleicht verlangt der bessere Job auch, dass wir an einen anderen Ort wechseln müssen, wo wir uns in einem neuen Umfeld zu bewähren hätten. Das kann aber einen Konflikt mit dem Sicherheitsbedürfnis unseres Partners auslösen. Wir wollen uns beruflich weiterentwickeln, der andere sieht das als Bedrohung für die Beziehung. Leben wir das Bedürfnis nach Veränderung ungebremst aus, wird unser Leben rastlos und ohne Halt. Wer in seinem Leben jede Chance ohne Rücksicht auf andere nutzen will, wird das Chaos zum Dauerzustand machen. Sich ständig alle Optionen offenzuhalten macht es schwer, verbindliche Vereinbarungen zu treffen. Dinge werden zwar geplant, aber nicht umgesetzt, weil es an Konsequenz mangelt.

Es geht darum, die Balance zwischen den beiden Polen Stillstand und Chaos zu finden. Das Pendel darf manchmal mehr, manchmal weniger ausschlagen, aber nie auf einer Seite hängen bleiben. Einen wesentlichen Einfluss auf die gesunde Balance hat die Lebensphase, in der wir uns befinden. In der Jugend sind wir mutiger, probieren aus, wollen neue Erfahrungen machen und haben weniger zu verlieren. Mit zunehmendem Alter gewinnt der Wunsch nach Stabilität an Bedeutung. Natürlich spielt auch unser Persönlichkeitstyp eine essenzielle Rolle dabei, wie viel Entwicklung und Sicherheit uns in Balance bringen. Besonders sichtbar wird dieses Dilemma in Paarbeziehungen. Ein Beispiel: Ein Mann und eine Frau gehen eine Beziehung ein. Sie denkt sich: „Eigentlich passt da sehr viel an ihm und das, was mir nicht gefällt, werde ich schon hinbekommen." Er sagt sich am Anfang: „Super, die ist genau so, wie ich will", und hofft, dass sie so bleiben wird. Das Problem ist, dass sie sich ändert, er aber nicht. Paartherapeuten stellen immer wieder fest: Je größer das Änderungsbedürfnis in Bezug auf den Partner ist, desto mehr wird dieser der gleiche bleiben. Wenn beide nicht irgendwann ihr Muster durchschauen, wird ihre Beziehung als permanentes Umerziehungslager enden.

Das Dilemma besteht darin, dass wir Veränderung hassen und uns zur selben Zeit danach sehnen. Wir wünschen uns, dass alles bleibt, wie es ist und trotzdem ständig besser wird. Auf diese paradoxe Erwartungshaltung trifft man auch immer wieder in Organisationen, ja sie lähmt ganze Staaten. Dieses Hin- und Hergerissenwerden ist keine Verschwörung des Schicksals gegen den Menschen. Im Gegenteil, erst indem wir lernen, die Spannungen zwischen unserem Sicherheits- und unserem Entwicklungsbedürfnis auszuhalten, können wir unsere Persönlichkeit weiterentwickeln.

Fazit

Nur unreife Menschen hängen ständig ihren inneren Bedürfnissen nach, ohne sich auf die Auseinandersetzung mit der Realität einzulassen. Sie fürchten die Enttäuschungen und fliehen lieber in eine Scheinwelt. Umgekehrt gibt es Menschen, die sich nur von ihrem sozialen Umfeld treiben lassen und ihre eigenen Bedürfnisse unterdrücken. Sie gelangen irgendwann an den Punkt, wo sie erkennen, dass das nicht jenes Leben ist, das sie führen wollen. Am schlimmsten sind die „Null-Dilemma-Menschen". Sie blenden alle Widersprüche in ihrem

Leben aus. Sie reduzieren das Leben auf einen Punkt. Das kann Geld, Macht, Religion, Esoterik, Vergnügen oder Ruhm sein. Falls sie sich an diesem Punkt nicht nur selbst festklammern, sondern auch andere dazu zwingen wollen, landen sie im Fundamentalismus. Der Fundamentalist kennt kein Dilemma, weil er weiß, statt zu denken.

Wenn Sie sich in einer Zwickmühle befinden, schaffen Sie es vielleicht, irgendwann zu sich zu sagen: Genau an dieser Weggabelung stehe ich jetzt. Ich bin dankbar dafür, dass ich meine Sehnsucht überhaupt noch spüren, dass ich die Abweichung meines Wissens von meinem Tun klar sehen kann. Ich bin froh, ein Herz zu haben, das laut schlägt, und einen Verstand, der scharf denken kann.

Sich vor dem Sieg über Vorgesetzte hüten

Die These:
Seine Fähigkeiten verbergen und sich anzupassen verstehen

> Alles Übertreffen ist verhasst, aber seinen Herrn zu übertreffen ist entweder ein dummer oder ein Schicksalsstreich. Stets war die Überlegenheit verabscheut … Denn der Verstand ist eben die königliche Eigenschaft und deshalb jeder Angriff auf ihn ein Majestätsverbrechen. Fürsten sind sie und wollen es in dem sein, was am meisten auf sich hat. Sie mögen wohl, dass man ihnen hilft, jedoch nicht, dass man sie übertrifft: der ihnen erteilte Rat sehe daher mehr aus wie eine Erinnerung an das, was sie vergaßen, als wie ein ihnen aufgestecktes Licht zu dem, was sie nicht finden konnten. Eine glückliche Anleitung zu dieser Feinheit geben uns die Sterne, welche, obwohl hell glänzend und Kinder der Sonne, doch nie so verwegen sind, sich mit den Strahlen dieser zu messen.

Wie die Perlen auf einem Rosenkranz kann man die zahlreichen Ratschläge Graciáns zum Umgang mit Vorgesetzten aufreihen: Nicht spitzfindig sein, Keinen Widerspruchsgeist hegen, Winke zu verstehen wissen, Von der Dummheit Gebrauch zu machen verstehen, Nie ein Mitbewerber sein. Nur den wenigsten von uns sind diese Verhaltensweisen in die Wiege gelegt, besonders wenn wir über einen scharfen Verstand verfügen.

Gerade deshalb empfiehlt das „Handorakel", ja nie mit seinem Verstand übermäßig zu brillieren. *Wer mehr weiß, als erfordert ist, gleicht einer zu feinen Spitze, die bei häufigem Gebrauch leicht abbricht.* Es ist gut, Verstand zu haben, aber wenn man ihn wie einen Weihrauchkessel ständig schwenkt, wird man für einen eitlen Schwätzer gehalten. Noch schlimmer ist nur, unserem Vorgesetzten beweisen zu wollen, dass wir klüger sind als er. Das ist eine Dummheit par excellence. Besonders wenn unser Vorgesetzter innerlich ahnt, dass er seine Position nicht seinem Verstand, sondern Fleiß, Intrigen oder Willfährigkeit nach oben verdankt, wird er uns mit Argwohn beobachten. Die Kombination aus Ehrgeiz und Mittelmäßigkeit hat mehr Menschen in Führungspositionen gebracht als herausragende Fähigkeiten. Als Untergebene sollten wir nie mehr Kraft als nötig aufwenden. Wer zu früh alle seine Fähigkeiten stolz zur Schau stellt, wird nie Gelegenheit erhalten, dafür bewundert zu werden, weil er schon davor kaltgestellt oder abgeschoben wurde.

Keinen Widerspruchsgeist hegen

Wenn man die Veranlagung dazu hat, soll man sich mit seiner ganzen Klugheit dagegen wehren. Intelligente Menschen sind besonders gefährdet, es sich aus purer Arroganz mit allen zu verderben. Es zeugt zwar durchaus von Scharfsinn, wenn man bei allem die Schwierigkeiten und schwachen Punkte eloquent aufdeckt, aber niemand wird es uns danken, am wenigsten unsere Vorgesetzten.

Davon kann ich ein Lied singen. Als ich 18-jährig mit stolz geschwellter Brust in den Vorstand meiner Partei im Bezirk einziehen durfte, war ich entsetzt über die Selbstzufriedenheit und die Ideenlosigkeit der dortigen Führung. Ich habe es mit meiner ersten Wortmeldung geschafft, mir Feinde für die nächsten 20 Jahre zu machen – ohne das überhaupt zu realisieren. In der Sache hatte ich recht, in der Art meines Vorgehens war ich ein Idiot. Das könnte man aus heutiger Sicht noch milde als Jugendtorheit entschuldigen, aber mein Widerspruchsgeist hat sich über die Jahre zu einem Verhaltensmuster verfestigt, das mir immer mehr geschadet als genutzt hat. Meine intellektuelle Eitelkeit wurde für einige Sekunden befriedigt, der Stolz von möglichen Wohlmeinenden auf Jahre gekränkt. Heute habe ich zumindest so viel dazugelernt, dass ich mein eigenes Verhalten im Spiegel anderer erkennen kann.

Ich habe Menschen erlebt, die vom Widerspruchsgeist besessen sind. Sie zerstören angenehme Unterhaltungen und machen aus sanften Diskussionen kleine Kriege. Selbst die mahnenden Tritte ihrer Freunde unter dem Tisch ignorieren sie hartnäckig, so lange, bis niemand mehr gerne mit ihnen zu tun haben möchte. Unbarmherzig urteilt Gracián über Widerspruchsgeister: *Solche Leute sind unverständig, verderblich, ein Verein des wilden mit dem dummen Tier.*

Winke zu verstehen wissen

Früher *war es die Kunst aller Künste*, so Gracián, eindrucksvoll *reden zu können*. Heute reicht das nicht aus. Man muss erraten können, welche Absichten sich hinter Andeutungen verbergen. Dabei geht es gar nicht ums Raten, sondern um das Heraushören von Zwischentönen. Erst das genaue Hinschauen erlaubt, die Mimik und Gestik des anderen interpretieren zu können. Eine Disziplin, in der Frauen Männern meist überlegen sind. Die andere Seite dieser Medaille ist, dass Frauen sich selbst die kleinste Kritik ihres Vorgesetzten manchmal so zu Herzen nehmen, um nach dem Gespräch von Selbstzweifeln geplagt zu werden. Selbstzweifel sind der meisten Männer Sache nicht. Sie müssen bei ausgesprochener Kritik eher damit kämpfen, ihren Vorgesetzten nicht mit ihren Gegenargumenten ständig zu unterbrechen. Dabei übersehen und überhören sie gerade jene Botschaften, die für sie am wichtigsten wären, weil diese nur halb ausgesprochen werden. Oft fallen Mitarbeiter aus allen Wolken, wenn sie gekündigt werden. Sie sind erbittert darüber, dass ihnen der Vorgesetzte nie offen gesagt hat, dass er unzufrieden mit ihnen war. Befragt man diesen, argumentiert er glaubhaft, dass er dem Mitarbeiter zwar in der Form höflich, in der Sache aber immer deutlicher kommuniziert hat, dass dieser einfach bei wichtigen Kunden zu oft die gleichen Fehler gemacht hat.

Gespräche mit Vorgesetzten erfordern unsere ganze Aufmerksamkeit, um nicht das Erwünschte hineinzuinterpretieren und das Verhasste zu überhören. Wie Luchse sollten wir den wahren Absichten unserer Vorgesetzten nachspüren.

Von der Dummheit Gebrauch zu machen verstehen

Der größte Weise spielt bisweilen diese Karte aus, und es gibt Gelegenheiten, wo das beste Wissen darin besteht, dass man nicht zu wissen scheine. Man soll nicht unwissend sein, es aber beherrschen, dies vorzuspielen. Mit „Der brave Soldat Schwejk" hat Jaroslav Hašek der Strategie der Dummheit ein literarisches Denkmal gesetzt. Er zeigt, dass man in dummen Organisationen mit dummen Vorgesetzten durch den klugen Einsatz der Dummheit besser zurechtkommt und letztlich auch Trost für die erlebte Ungerechtigkeit finden kann.

Nicht der ist dumm, welcher Dummheit vorschützt, sondern der, welcher tatsächlich an ihr leidet. Manchmal ist das einzige

Mittel, beliebt zu sein, dass man sich mit der Haut des einfältigsten Tieres bekleidet. Ändern sich die Umstände, kann man die Haut des Dummen abstreifen. In Rom überlebte Claudius die Schreckensherrschaft seines Neffen Caligula nur deshalb, weil ihn alle für debil und daher als Nachfolger ungeeignet hielten. Nach Caligulas Sturz wurde Claudius vom Heer als Kaiser eingesetzt und erwies sich als fähiger Herrscher. Seine jahrelang vorgespielte Dummheit war sein Schutzschild, das er ablegte, sobald er die Macht hatte. Königsmacher werden oft davon überrascht, dass der vermeintlich dümmste Kandidat, den sie auf den Thron setzen, sich später als mit allen Wassern gewaschener Fuchs entpuppte. Als erste kluge Tat entledigt er sich dann ihrer. Ein Schicksal, das heute Aufsichtsräten droht, die nach manipulierbaren Vorständen suchen, oder Landesfürsten in der Politik, die schwache Obmänner wählen.

Nie ein Mitbewerber sein

Wer dieses Grundprinzip missachtet, wird immer wieder überrascht sein, wie die scheinbar Unauffälligen gegenüber den Brillanten bei Beförderungen die Nase vorne haben und weiter aufsteigen. Jeder offen geäußerte Anspruch schadet dem eigenen Ansehen. Die Mitbewerber werden sofort ihre scharfen Zungen nutzen, um uns zu verunglimpfen und zu verdunkeln. Wenige Menschen führen auf eine redliche Art Krieg. Die Konkurrenten decken bereitwillig unsere Fehler auf, welche schon lange in Vergessenheit geraten sind. In der Hitze des Wettstreits werden längst bewältigte Konflikte wieder ausgegraben und neu entfacht. Auch wenn die Mittel der Herabsetzung nicht immer zum Ziel führen, so dienen sie der Befriedigung der niedersten Instinkte der Gegner, die sich nicht scheuen, tief in die Jauchengrube zu greifen. Viele Menschen waren hoch geachtet, solange sie von keinem als Mitbewerber gesehen wurden.

Beherzigt man die Regeln unserer Ausgangsthese, dann muss man auf dem Weg nach oben andere Eigenschaften beherrschen, als sie an der Spitze gefordert sind. Ja, gerade jene Fähigkeiten, die man oben am dringendsten benötigt, muss man gegenüber seinen Vorgesetzten und Mitbewerbern am sorgsamsten verschleiern. Doch ist es dieser hohe Preis für eine Karriere wirklich wert? Macht es glücklich, jahrzehntelang seine Natur zu verbergen und seinen Charakter zu verderben, nur um immer weiter nach oben zu kommen? Verliert man nicht seine herausragenden Fähigkeiten, wenn man sie nie offen nutzen darf, um keinen Neid zu wecken? Diese Fragen führen zu einer Gegenthese.

Die Gegenthese: Sich gegen psychopathische Vorgesetzte wehren

Manche Regeln des Karrieremachens in starren Hierarchien haben sich seit Graciáns Zeiten wenig verändert, das Verständnis von Arbeit dagegen sehr. Unsere Arbeit bietet die Chance, unsere hervorstechenden Talente herauszufinden und weiterzuentwickeln. Die Art, wie wir unsere Talente nutzen, ist ein entscheidender Bestandteil für unser Lebensglück. Viele Studien bestätigen, dass Geld, Sicherheit und ein bestimmtes Maß an Komfort für uns durchaus notwendig sein mögen, aber nicht entscheidend sind. Für ein glückliches Leben brauchen wir das Gefühl, dass unsere Talente wertvoll sind und anerkannt werden. Je intensiver wir unsere Talente ausüben können, desto größer wird die Freude werden und auch der Nutzen für unser Unternehmen. Positive Bestätigung führt dazu, dass wir uns noch mehr anstrengen. Kluge Vorgesetzte wissen das. Was also tun, wenn wir nicht mit einem solchen, sondern mit einem engstirnigen oder, noch schlimmer, einem psychopathischen Chef zu tun haben?[1]

Befragt man vor allem sehr ehrgeizige Menschen, warum sie sich den Launen eines üblen Vorgesetzten nicht durch einen Wechsel entziehen, antworten viele darauf, dass sie zeigen wollen, den Druck aushalten zu können. Insgeheim hoffen sie, dass ihr Durchhaltevermögen von der Unternehmensspitze anerkannt wird und sie für höhere Aufgaben qualifiziert. In gestörten Organisationskulturen stimmt das leider sogar.

Tatsächlich lassen sich mit Rücksichtslosigkeit und Manipulation kurzfristig durchaus Erfolge erzielen. Eine Studie der University of British Columbia[2] identifizierte im Management von Unternehmen einen größeren Anteil an Psychopathen als in der Bevölkerung allgemein. Sie sind meist eloquente und extrovertierte Menschen und können sich oft sehr charmant geben. Zu tiefen Gefühlen sind sie dagegen nicht fähig, aber in der Lage, sie blendend vorzuspielen. Vorwürfe und Kritik lassen sie innerlich völlig kalt. Gleichzeitig erkennen sie sicher die Schwächen anderer und nutzen sie kaltblütig aus. Menschen zählen für sie nicht als Menschen, sondern nur als Werkzeug für die eigenen Ziele. Langfristig ist dieser Führungsstil zum Scheitern verurteilt, weil die Organisationskultur erkrankt. Mitarbeiter werden sich immer so verhalten wie die Menschen an der Spitze. Jeder muss für sich entscheiden, ob er sich jeden Tag Täuschung, Missgunst und Verleumdung aussetzen will. Früher oder später färbt das auf die Seele ab und macht jeden gesunden Menschen krank. Nur kranke Menschen gedeihen in diesem Klima. Irgendwann geben sich auch psychopathische Bosse eine Blöße und verlieren am Ende alles Ansehen.

Zwei Fragen können uns dabei helfen, um über das richtige Verhalten gegenüber unserem Vorgesetzten zu entscheiden:

1. Will unser Vorgesetzter, dass wir wachsen oder will er uns klein halten? 2. Bekommen wir Anerkennung für unsere Leistungen oder nur Kritik?

Negative Antworten zeigen unser Dilemma: Wir wüssten zwar, dass es klug gegenüber unserem Vorgesetzten wäre, unsere Fähigkeiten zu verbergen, um ihn in Sicherheit zu wiegen, tun aber das Gegenteil, weil wir gar nicht anders können. Das kann uns zwar kurzfristig in unserer Karriere vom Weg nach oben abbiegen lassen, dafür bringt uns dieser Umweg womöglich wieder näher zu uns selbst. Die meisten großen Ziele im Leben erreicht man über Umwege.

Der Weg aus dem Dilemma: Nie sich selbst verraten

Erdulden, kämpfen oder gehen? Wenn wir darüber nachdenken, ist es gut zu wissen, dass Menschen dazu tendieren, sich unbefriedigende Arbeitssituationen schönzureden. Untersuchungen, die allgemeine Zufriedenheiten abfragen, zeigen stereotyp lauter Zufriedene. Grund dafür ist, dass wir solche Fragen nach der Zufriedenheit mit etwas, was wir nicht oder nur schwer ändern können, immer positiv beantworten. Wir sind ja keine Masochisten. Was wir nicht ändern können oder wollen, damit finden wir uns ab, damit sind wir zufrieden. Befragt man Menschen, die aufgrund des unerträglichen Betriebsklimas den Wechsel gewagt haben, nach einem Jahr über ihre frühere Situation, erhält man dagegen weit ehrlichere Antworten. Sie können sich gar nicht mehr vorstellen, wie sie es so lange aushalten konnten. Von sich aus zu gehen ist eine Alternative, das Dilemma mit einem ungeeigneten Vorgesetzten zu lösen. Doch auch wenn uns dieser ungerechtfertigt kündigt, muss das nicht in einer Katastrophe enden.

Es gibt die Theorie, dass jeder, der nicht mindestens einmal in seinem Leben gekündigt wurde, kein herausragender Manager oder Unternehmer werden kann, weil es ihm an Bereitschaft fehlt, für seine Ideen zu kämpfen. Das trifft nicht nur auf herausragende Persönlichkeiten wie Steve Jobs zu, der bekanntlich am ersten Höhepunkt seiner Tätigkeit bei Apple von John Sculley, dem Vorstandschef, den er selbst geholt hatte, gefeuert wurde. Die öffentliche Demütigung traf Jobs tief, es folgte aber eine der kreativsten Phasen seines Lebens, die darin gipfelte, dass er von den Apple-Aktionären wieder zurückgeholt wurde.

Die Mehrheit der Menschen führt auf mäßig bezahlten Arbeitsplätzen ihren täglichen Überlebenskampf. Viele sind in die Resignation gezwungen, weil die bestmögliche Perspektive ist, dass alles so bleibt und nicht noch schlechter wird. Ihr Berg, den sie bezwingen müssen, erscheint jeden Tag höher. Ein falsches Wort gegenüber ihrem Vorgesetzten oder einmal zu spät zur Arbeit zu kommen, weil das Kind noch zum Arzt gebracht werden musste, und schon verliert man den Job. Nur eines können Menschen nie verlieren, solange sie ihre Seele nicht von der Angst auffressen lassen – ihre Selbstachtung. Sie zu verteidigen ist für das Lebensglück wichtiger als der Arbeitsplatz.

Karriere heißt für die meisten noch immer, die Aufgaben zum Gefallen seiner Vorgesetzten zu erledigen und dafür mit mehr Verantwortung, mehr Geld, einem größeren Zimmer, einem Dienstwagen, einem Teppich oder auch nur einer Zimmerpflanze belohnt zu werden. Nimmt man einem Menschen, der sein bisheriges Leben erfolgreich dafür verwendet hat, eine bestimmte Position zu erreichen, diese weg, dann verliert er nicht nur den Titel auf seiner Visitenkarte, sondern den für ihn wesentlichen Teil seiner Identität. Wer immer nur vom Urteil anderer abhängig war, wird völlig unvorbereitet auf sich selbst zurückgeworfen. Die Ahnung, dass er die Wertschätzung im Leben nicht seiner Person, sondern seinem beruflichen Status und der damit verbundenen Macht verdankt, wird plötzlich Wirklichkeit. Das löst einen heftigen inneren Protest aus. Die

Art, wie er die Welt bisher gesehen hat, stimmt plötzlich nicht mehr. In diesem Augenblick wird der scheinbar sichere Schutzmantel, auf den er vertraut hat, weggerissen. Die Illusion der Unverwundbarkeit wird zerstört.

Menschen mit Selbstachtung messen sich an ihren eigenen Maßstäben. Sie fragen sich immer wieder: Wie hoch ist mein eigener Qualitätsanspruch an meine Arbeit? Strebe ich Meisterschaft an oder reihe ich mich ein in die Kultur der Mittelmäßigkeit? Gehe ich noch immer mit Begeisterung an meine Aufgaben heran?

Das „Handorakel" rät uns nicht nur, wie wir mit arglistigen Vorgesetzten umgehen sollen, sondern es stellt hohe moralische Ansprüche an den Träger eines wichtigen Amtes. *Die persönlichen Eigenschaften müssen die Obliegenheiten des Amtes übersteigen und nicht umgekehrt. So hoch auch der Posten sein mag, stets muss die Person sich als ihm überlegen zeigen.* Um anerkannt zu werden, reicht es nicht, sich auf die formale Autorität einer Position zu berufen, sondern die Kraft der Persönlichkeit soll sie ausformen, und zwar zum höheren Nutzen aller. Menschen folgen leichter, wenn sie es aus innerer Überzeugung wollen, als wenn man sie dazu zwingt. Wer die Maximen von Gracián richtig in unsere Zeit überträgt, wird seine Führungsvorbilder in Mahatma Gandhi, Muhammad Yunus oder Nelson Mandela sehen.

Fazit

Wenn der einzige Vorgesetzte der eigene Ehepartner ist, werden sich die Konflikte wohl auf die eigenen vier Wände beschränken, sobald man diesen vor den Kopf stößt. In Jobs auf den unteren Ebenen geht es meist um Disziplin, Pünktlichkeit und das Einhalten formaler Vorschriften. Solange man nicht dagegen verstößt, wird man seinen Job behalten. Wer keine höheren beruflichen Ambitionen hat, wird sich die Auseinandersetzung mit den Maximen des „Handorakels" ersparen können. Je höher man in der Hierarchie jedoch steigt, desto wichtiger wird das „Handorakel".

Wir erhalten bei unserer Geburt leider keine Gebrauchsanleitung dafür, uns klug in einem gefährlichen Umfeld zu bewegen. Wir können diese Fertigkeit aber lernen. Früher waren fast alle Menschen ihren Herrschern ohnmächtig ausgeliefert. Heute geht es darum, die Absichten seiner Vorgesetzten zu erahnen und ihre Gesten richtig zu deuten. Allen widersprechen, alle übertreffen zu wollen und andere Torheiten sorgen mit Sicherheit dafür, dass man nie weiterkommt. Sich von den Gleichgestellten abzusondern, ihre kleinen Bosheiten nicht großzügig übersehen zu können oder ganz ungeniert Ansprüche zu stellen, wird einen zum bevorzugten Ziel von Intrige und Missgunst machen. Wer diese Gefahren begriffen hat, geht behutsam seinen Weg und beachtet, bevor er das Wort ergreift, eine Weisheit: *So leicht ein Wort dem scheint, der es hinwirft, so schwer [oft] dem, der es aufnimmt und wiegt.*

Das Streben nach Erfolg ist nichts Schlechtes, solange es unsere eigene Vorstellung von Erfolg ist. Die meisten laufen ihr Leben lang Erfolgsvorstellungen nach, die sie von anderen vorgegeben bekommen haben. „Auf einem Dampfer, der in die falsche Richtung fährt, kann man nicht sehr weit in die richtige Richtung gehen", hat Michael Ende so wunderbar gesagt. Kluge Lebensplanung beginnt daher mit einer Frage, die man sich gar nicht früh genug stellen kann: Was macht mich aus?

---

1   Kevin Dutton: Psychopathen: Was man von Heiligen, Anwälten und Serienmördern lernen kann, München 2013.
2   Robert Hare von der University of British Columbia, zitiert im „Format" vom 11.7.2013 über „Psycho-Krieg im Büro".

Die hohe Kunst der Manipulationen kennen

Heute verstehen wir unter Manipulation oft Situationen, in denen Menschen, ohne sich dessen bewusst zu sein, so beeinflusst werden, dass sie Dinge tun, die zu ihrem Nachteil sind. Es gibt aber auch die Manipulation zum Vorteil eines anderen. Kinder zum Zähneputzen, Zimmermachen und Erledigen der Aufgaben zu bewegen, erfordert oft alle Regeln der Manipulation. Jemanden, der gerade sehr traurig ist, durch geschickte Beeinflussung in einen besseren Zustand zu versetzen, ist ebenfalls sicher etwas Positives.

Die kenntnisreiche Beschreibung von Manipulationstechniken nimmt im „Handorakel" eine zentrale Stellung ein. Selten wurden diese so präzise dargestellt. Denn gerade der Rechtschaffene soll in Graciáns Verständnis nie unbewaffnet durch die Welt gehen, sonst wird er leicht das Opfer der Arglistigen und Täuscher. Indem er alle Tricks der Manipulation kennt, kann er sie rechtzeitig durchschauen. In diesem Kapitel werden daher zehn der wichtigsten Beeinflussungsstrategien offengelegt.

1. Zu verpflichten verstehen

> Manche verwandeln ihre eigene Verpflichtung in die des anderen und wissen der Sache den Schein oder doch zu verstehen zu geben, dass sie eine Gunst erzeigen, während sie eine empfangen. Aus ihrem eigenen Vorteil

machen sie eine Ehre für den anderen und lenken die Sachen so geschickt, dass es aussieht, als leisteten sie dem anderen einen Dienst, indem sie sich von ihm beschenken lassen.

Ein Beispiel dafür war John D. Rockefellers Strategie, den Menschen Öllampen zu schenken, um dann mit dem Verkauf von Öl an sie zum Milliardär zu werden. Ebenso akquirierten Bücherklubs und Zeitungsverlage ihre Abonnenten, indem sie ihnen vorab ein scheinbar wertvolles Präsent machten und die Beschenkten dann jahrelang an sich banden. Auch Gratisproben sind sehr wirksame Waffen, besonders wenn sie von gut aussehenden, freundlichen Menschen verteilt werden. Vielen Menschen fällt es danach schwer, nur das „Geschenk" zu nehmen, ohne sich durch einen Kauf zu „bedanken", selbst wenn ihnen die Probe gar nicht gefällt.

Gier ist der eine, Eitelkeit der zweite Zugang zu den Steuerzentralen der Menschen. Man kann gar nicht überschätzen, wie viel Energie in der Politik und Wirtschaft in die Befriedigung individueller Eitelkeiten geht. Eitelkeit ist ein Suchtverhalten. Es beginnt mit dem ersten Applaus und dem Reiz, den dieser im Belohnungssystem unseres Gehirns auslöst. Man kann das Schönste und Beste bekommen, indem man dem anderen in seiner Ehre schmeichelt, das kostet nicht einmal etwas. Versuche zeigen, dass die positive Wirkung uns nicht unbeeinflusst lässt, selbst wenn wir die Absicht hinter den Lobpreisungen erkennen. Nur ganz wenige Heilige können sich der Eitelkeit völlig entziehen. Gracián spricht die hohe Kunst der Verführung explizit den Politikern zu – so wenig haben sich die Zeiten geändert. Er empfiehlt auch gleich eine Abwehr, die wir uns zu Herzen nehmen sollten. Die größte Fertigkeit bestehe darin, die Dinge zu durchschauen und den Narrenhandel wieder rückgängig zu machen, indem man dem anderen seine erwiesene

Ehre höflich wieder zurückgibt. Damit kann man sich der Verpflichtung entledigen und reinen Gewissens weiterziehen.

2. Eine vorhergehende Verpflichtung aus dem machen, was nachher Lohn gewesen wäre

> Dies ist eine Geschicklichkeit sehr kluger Köpfe: die Gunst, vor dem Verdienst erzeigt, beweist einen Mann, der Gefühl für Verpflichtungen hat. Die so zum Voraus erwiesene Gunst hat zwei große Vorzüge: die Schnelligkeit des Gebers verpflichtet den Empfänger umso stärker: und dieselbe Gabe, welche nachmals Schuldigkeit wäre, wird, zum Voraus erteilt, zur Verbindlichkeit des anderen.

Ein gutes Beispiel für diese Technik ist die zum Klassiker gewordene Filmszene in „Der Pate I" mit dem Leichenbestatter Bonasera und Don Vito Corleone. Bonasera erzählt, dass seine Tochter vergewaltigt worden sei, der Täter zwar gefunden, aber vor Gericht freigesprochen wurde. Er bitte nun den Paten um Gerechtigkeit und sei auch bereit, dafür zu zahlen. Don Vito Corleone hört ihm lange und sehr aufmerksam zu, bevor er antwortet: „Bonasera, Bonasera, was habe ich dir getan, dass du mich so respektlos behandelst? Du kommst in mein Haus am Hochzeitstag meiner Tochter und bittest mich, einen Mord zu begehen." Er fragt ihn, warum er zuerst überhaupt zur Polizei gegangen ist, und nicht zu ihm, dem Paten. Und macht ihm auch deutlich, dass es nicht um Geld geht. Im Gegenteil: Dass es eine Beleidigung für ihn sei, Geld angeboten zu bekommen. „Ich kann mich nicht erinnern, wann du mich das letzte Mal in dein Haus eingeladen hast zu einer Tasse Kaffee", wirft Corleone dem Bittsteller vor. Erst als dieser versteht, dass es um die persönliche Beziehung geht, verspricht Don Vito Corleone, ihm zu helfen. Er entlässt ihn mit den Worten: „Irgendwann, möglicherweise aber auch nie, werde ich dich bitten, mir eine kleine Gefälligkeit zu erweisen."

Im Vorhinein erbrachte Taten beeindrucken immer mehr als versprochene. Diese Strategie funktioniert allerdings nur bei Menschen, die Ehrgefühl haben. Niedere Gemüter würden aus der Vorleistung ein Pfand machen, um noch mehr für sich herauszuholen.

3. Mit der fremden Angelegenheit auftreten, um mit der seinigen abzuziehen

> Es ist ein schlaues Mittel zum Zweck: allein sogar in den Angelegenheiten des Himmels schärfen christliche Lehrer den Gebrauch dieser List ein. Es ist eine wichtige Verstellung: denn der vorgehaltene Vorteil dient als Lockspeise, den fremden Willen zu leiten: diesem scheint <u>seine</u> Angelegenheit betrieben zu werden, und doch ist sie nur da, fremdem Vorhaben den Weg zu öffnen.

Bei dieser Strategie darf man nie unüberlegt vorgehen, besonders wenn man sich auf gefährlichem Terrain bewegt. Vor allem Menschen in Machtpositionen hat die Erfahrung meist misstrauisch gegen jeden gemacht. Ein vorschnelles Wort, und schon ist man durchschaut. Andererseits soll man sich nicht von Leuten abschrecken lassen, die dafür bekannt sind, dass ihr erstes Wort ein Nein zu sein pflegt. Dem kann man geschickt vorbeugen, indem man dieses Nein auf etwas lenkt, das man gar nicht wirklich will. Karitative Angelegenheiten, Sportinteressen oder die gemeinsame Bewunderung für eine Persönlichkeit können hilfreiche Themen sein, um von dem wahren Anliegen abzulenken. Das lässt sich mehrmals wiederholen, bis der andere das Gefühl hat, auch ein Zugeständnis machen zu müssen. Das ist schließlich der richtige Augenblick, um scheinbar nebensächlich das eigentliche Anliegen vorzubringen. Gespräche zwischen wirklich Mächtigen zeichnen sich oft dadurch aus, dass die ersten 50 Minuten Small Talk geübt wird und beide Seiten sich davor hüten, als erste ihre Absichten offenzulegen. Erst in den letzten zehn Minuten spitzt sich das Gespräch dann plötzlich zu und es entscheidet sich, wer welche tatsächlichen Interessen hat. Verpasst man jedoch den geeigneten Zeitpunkt, um mit der Wahrheit herauszurücken, wird es dem anderen ein Vergnügen sein, das Gespräch freundlich zu beenden, ohne dass wir auch nur die Chance hatten, unser Anliegen vorzubringen.

4. Sich den fremden Mangel zunutze machen

Denn erzeugt er den Wunsch, so wird er zur wirksamsten Daumenschraube. Die Philosophen haben gesagt, der Mangel, oder die Privation, sei nichts: die Politiker aber meinten, er sei alles. Letztere haben es am besten verstanden. Manche wissen aus dem Wunsch der anderen eine Stufe zur Erreichung ihrer Zwecke zu machen. Sie benutzen die Gelegenheit und erregen jenen, durch Vorstellung der Schwierigkeit des Erlangens, den Appetit. Sie versprechen sich mehr von der Leidenschaftlichkeit der Sehnsucht als von der Lauheit des Besitzes. Denn in dem Maß, als der Widerstand zunimmt, wird der Wunsch leidenschaftlicher.

Menschen in Abhängigkeit zu halten wissen, um seine Zwecke zu erreichen, verlangt gute Menschenkenntnis und die Kunst, mit starken Bildern die Vorstellungskraft des anderen anzuregen. Mit der angestrebten Führungsposition oder dem attraktiven Auftrag in Aussicht lassen sich die meisten Menschen lange Zeit am Gängelband führen. Für das Versprechen, zehn Kilo mit einem Badezusatz wegzuschwemmen oder mit einer Salbe seine Jugend zurückzubekommen, zahlen Verzweifelte abenteuerliche Summen. Oft reicht es aber auch schon, Menschen immer wieder durch kleine Geschenke wie Blumen und freundliche Worte an jener Stelle ihrer Seele zu streicheln, die sich besonders danach sehnt. Das schafft ein so starkes Band der Abhängigkeit, dass sie ihren Job selbst dann nicht wechseln, wenn sie einen viel besser bezahlten angeboten bekommen.

5. Abhängigkeit begründen

Den Götzen macht nicht der Vergolder, sondern der Anbeter. Wer klug ist, sieht lieber die Leute seiner bedürftig als ihm dankbar verbunden: sie am Seil der Hoffnung führen, ist Hofmannsart, sich auf ihre Dankbarkeit verlassen, Bauernart: denn Letztere ist so vergesslich als Erstere von gutem Gedächtnis. Man erlangt mehr von der Abhängigkeit als von der verpflichteten Höflichkeit: wer seinen Durst gelöscht hat, kehrt gleich der Quelle den Rücken, und die ausgequetschte Orange fällt von der goldenen Schüssel in den Kot. Hat die Abhängigkeit ein Ende, so wird das gute Vernehmen es auch bald finden und mit diesem die Hochachtung. Es sei also eine Hauptlehre aus der Erfahrung, dass man die Hoffnung zu erhalten, nie aber ganz zu befriedigen hat, vielmehr dafür sorgen soll, immerdar notwendig zu bleiben, sogar dem gekrönten Herrn. Jedoch soll man dies nicht so sehr übertreiben, dass man etwa schweige, damit er Fehler begehe, und soll nicht, des eigenen Vorteils halber, den fremden Schaden unheilbar machen.

Ist so klar, dass es keines weiteren Kommentars bedarf.

6. Zu bitten verstehen

> Bei einigen ist nichts schwerer, bei anderen nichts leichter. Denn es gibt Leute, die nichts abzuschlagen imstande sind: bei solchen ist kein Dietrich vonnöten. Allein es gibt andere, deren erstes Wort zu allen Stunden Nein ist: bei diesen bedarf es der Geschicklichkeit, bei allen aber der gelegenen Zeit. Man überrasche sie bei fröhlicher Laune, wenn die vorhergegangene Mahlzeit des Leibes oder des Geistes sie aufgeheitert hat; nur dass nicht etwa schon ihre kluge Vorhersicht der Schlauheit des sie Versuchenden zuvorgekommen sei. Die Tage der Freude sind die der Gunst, da jene aus dem Innern ins Äußere überströmt. Man trete nicht heran, wenn man eben einen anderen abgewiesen sah: denn nun ist die Scheu vor dem Nein schon abgeworfen. Nach traurigen Ereignissen ist keine gute Gelegenheit. Den anderen zum Voraus verbinden ist ein Austausch, wo man es nicht mit gemeinen Seelen zu tun hat.

Leute, die nichts abschlagen können, kennen ihre Schwäche oft und umgeben sich mit „Vorzimmerdrachen", um Bittsteller erst gar nicht zu sich vordringen zu lassen. Das wirksamste Mittel, an sie heranzukommen, ist im Idealfall, einen gemeinsamen Freund oder zumindest Bekannten zu bitten, ein Treffen miteinander zu arrangieren. Dann kann man der Anleitung im ersten Punkt *Mit der fremden Angelegenheit auftreten, um mit der seinigen abzuziehen* folgen und hat gute Chancen auf Erfolg. Die Erfahrung zeigt allerdings, dass Netzwerke nur über einen Knoten funktionieren. Wir können einen Freund ersuchen, jemanden, der ihm nahesteht, um einen Termin für uns zu bitten. Wenn unser Freund aber nur jemanden kennt, der jemanden kennt, der mit der uns gewünschten Person befreundet ist, dann ist das Misslingen fast vorprogrammiert. Im besten Fall bekommen wir eine freundliche Ausrede.

7. Abzuschlagen verstehen

Nicht allen und nicht alles darf man zugestehen ... Besonders ist den Mächtigen Aufmerksamkeit darauf dringend nötig: hier kommt viel auf die Art an. Das Nein des einen wird höher geschätzt als das Ja mancher anderen: denn ein vergoldetes Nein befriedigt mehr als ein trockenes Ja. Viele gibt es, die immer das Nein im Mund haben, wodurch sie den Leuten alles verleiden. Das Nein ist bei ihnen immer das Erste: und wenn sie auch nachher alles bewilligen, so schätzt man es nicht, weil es durch jenes schon verleidet ist. Man soll nichts gleich rund abschlagen: vielmehr lasse man die Bittsteller Zug vor Zug von ihrer Selbsttäuschung zurückkommen. Auch soll man nie etwas ganz und gar verweigern; denn das hieße jenen die Abhängigkeit aufkündigen: man lasse immer noch ein wenig Hoffnung übrig, die Bitterkeit der Weigerung zu versüßen.

Je bedeutender man ist, desto weniger Anliegen wird man erfüllen können, ohne seine eigenen Ziele zu vernachlässigen. Es erfordert daher viel Aufmerksamkeit darauf zu richten, in welcher Art man absagt. Den brillantesten Absagebrief meines Lebens habe ich bis heute in Ehren aufgehoben. Er stammt von Hillary Clinton, die ich zu den Waldzell Meetings im Stift Melk einladen wollte. Nach wertschätzenden Formulierungen, wie sehr sie sich geehrt fühle, verpackte sie die Absage mit den Worten, dass sie im Augenblick leider nicht zusagen könnte und wir die Konferenz vorläufig für den Fall planen sollten, dass sie nicht teilnehmen könnte. Kluge Menschen beenden Absagen damit, dass eine Zusage diesmal bedauerlicherweise nicht möglich sei, man aber davon überzeugt sei, dass einmal der geeignete Zeitpunkt kommen werde. Sie setzen schöne Worte an die Stelle der Werke und lassen die Illusion weiterleben. Ja und Nein sind schnell gesagt, erfordern aber langes Nachdenken.

8. Was Gunst erwirbt, selbst verrichten, was Ungunst, durch andere

> *Durch das Erstere gewinnt man die Liebe, durch das Andere entgeht man dem Übelwollen. Dem großen Mann gibt Gutes tun mehr Genuss als Gutes empfangen: ein Glück seines Edelmuts. Nicht leicht wird man anderen Schmerz verursachen, ohne, entweder durch Mitleid oder durch Vergeltung, selbst wieder Schmerz zu erdulden. Von oben kann man nur durch Lohn oder Strafe wirken: da erteile man das Gute unmittelbar, das Schlimme mittelbar. Man habe jemanden, auf den die Schläge der Unzufriedenheit, welches Hass und Schmähungen sind, treffen. Denn die Wut des Pöbels gleicht der der Hunde: die Ursache ihres Leidens verkennend, wendet sie sich wider das Werkzeug, welches, wiewohl nicht die Hauptschuld tragend, für die unmittelbare büßen muss.*

Durch die Gunsterteilung gewinnt man die Liebe, durch das Vermeiden der direkten Bestrafung entgeht man dem Übelwollen. Eine Parabel soll aber zeigen, dass nichts so gefährlich ist wie Wankelmütigkeit. Ein junger König gab seinem Kanzler folgenden Auftrag: „Alles Gute werde ich dem Volk verkünden. Du bist für die schlechten Nachrichten und die Bestrafungen zuständig." Der Kanzler tat, wie ihm geheißen. Zwei Jahre nach Beginn seiner Herrschaft musste der König erkennen, dass er zwar im Volk beliebt, sein Kanzler aber zum mächtigsten Mann im Reich geworden war, weil Furcht vor Strafe mehr Macht verleiht als die Hoffnung auf Belohnung. Daraufhin trug er seinem Kanzler auf, dass sie ihre Rollen ab sofort tauschen würden, er nun für die Bestrafungen und der Kanzler für die Belohnungen zuständig wäre. Nach einem weiteren Jahr gab es eine Revolution, die sich gegen den König richtete. Der König wurde getötet und der Kanzler zum Herrscher erhoben.

9. Zu widersprechen verstehen

Eine große List zum Erforschen; nicht um sich, sondern um den anderen in Verwicklung zu bringen ... sie ist der Schlüssel zur verschlossensten Brust und untersucht mit großer Feinheit zugleich den Willen und den Verstand. Eine schlaue Geringschätzung des mysteriösen Wortes, welches der andere fallen ließ, jagt die verborgensten Geheimnisse auf, bringt sie mit Süßigkeit in einzelnen Bissen zum Mund, bis sie auf die Zunge und von da ins Netz des künstlichen Betruges geraten ... Ein erkünsteltes Zweifeln ist der feinste Dietrich, dessen die Neugier sich bedienen kann, um herauszubringen, was sie verlangt.

Selbst beim Lernen ist es eine raffinierte List des Schülers, dem Lehrer zu widersprechen. Dieser wird sich dann voll Eifer hinreißen lassen, seine Wahrheiten noch treffender zu vermitteln. Wie oft haben kluge Schüler ihre Prüfungen bestanden, indem sie ihren Lehrer seine schwierigsten Fragen brillant selbst beantworten ließen, sodass dieser – von sich ganz begeistert – die beste Note gab.

10. Die Daumenschraube eines jeden finden

> Dies ist die Kunst, den Willen anderer in Bewegung zu setzen. Es gehört mehr Geschick als Festigkeit dazu. Man muss wissen, wo einem jeden beizukommen sei ... Alle sind Götzendiener, einige der Ehre, andere des Interesses, die meisten des Vergnügens. Der Kunstgriff besteht darin, dass man diesen Götzen eines jeden kenne, um mittelst desselben ihn zu bestimmen. Weiß man, welches für jeden der wirksame Anstoß sei, so ist es, als hätte man den Schlüssel zu seinem Willen. Man muss nun auf die allererste Springfeder oder das primum mobile in ihm zurückgehen, welches aber nicht etwa das Höchste seiner Natur, sondern meistens das Niedrigste ist: denn es gibt mehr schlecht- als wohlgeordnete Gemüter in der Welt.

Ist der schwächste Punkt eines Menschen einmal enttarnt, wird ein Angriff auf diesen seinen Willen schachmatt setzen. Geld, Macht und Ruhm sind drei negative Hauptantriebe des Menschen. Auch Sexualität, kann man hinzufügen. Präsidentschaftskandidaten wie Bill Clinton sind fast oder wie Dominique Strauss-Kahn tatsächlich an ihrer unkontrollierten Sexualität gescheitert. Aber auch vielversprechende Karrieren in der Wirtschaft oder im Beamtentum fanden ein Ende, bevor sie noch begonnen hatten, weil jemand im falschen Augenblick dem falschen Organ die Macht über sich überließ – sehr zur Freude seiner Mitbewerber.

Fazit

Das Faszinierende an den Regeln Graciáns zur Beeinflussung ist, wie sehr sich diese mit den heutigen Erkenntnissen der

Sozialpsychologie decken. So werden die Punkte *Zu verpflichten verstehen* und *Eine vorhergehende Verpflichtung aus dem machen, was nachher Lohn gewesen wäre* von der Reziprozitätsregel untermauert. Diese Regel besagt, dass Menschen eine starke innere Verpflichtung fühlen, sich für empfangene Gefälligkeiten, Leistungen oder Geschenke zu revanchieren. Robert Cialdini dokumentiert in seinem Lehrbuch „Die Psychologie des Überzeugens" mit vielen wissenschaftlichen Untersuchungen, dass diese gefühlte Verpflichtung zur Gegenseitigkeit in allen Gesellschaften tief verankert ist. Er bringt dafür das Beispiel, dass das Rote Kreuz in Äthiopien, einem Land, das nach Bürgerkriegen, Seuchen und Hungerkatastrophen völlig am Boden lag, trotzdem im Jahr 1985 5000 Dollar für Erdbebenopfer in Mexiko überwies. Die Motivation für eine scheinbar groteske Geldspende vom damals ärmsten Land der Welt an ein vergleichsweise wohlhabendes lag darin, dass man eine Verpflichtung spürte, weil Mexiko Äthiopien im Jahr 1935 nach der Invasion durch Italien unterstützt hatte. Das zeigt die tief im Unbewusstsein wirkende Kraft der Reziprozitätsregel, die diese auch über kulturelle und zeitliche Grenzen so wirksam macht.

Wird sie manipulativ eingesetzt, führt sie dazu, dass Menschen Dinge tun, zu denen sie nie bereit gewesen wären, hätten sie nicht das Gefühl, damit eine Verpflichtung zu verletzen. Cialdini zeigt in vielen Experimenten, wie effektiv die Manipulationstechnik der Vorleistung ist. Erstens setzt sie jene Kriterien außer Kraft, mit denen wir sonst darüber entscheiden, ob wir einer Bitte nachkommen oder nicht. Zweitens schränkt sie unsere Möglichkeiten ein, selbst zu bestimmen, wem wir etwas schulden. Drittens führt sie oft zum Austausch von völlig ungleichen Leistungen, weil wir unter dem Druck, uns von einer Schuld befreien zu müssen, weit mehr geben, als der Wert des Empfangenen ist. Als wirksame Gegenstrategie empfiehlt Cialdini, die Vorleistung des anderen gutgläubig anzunehmen, sie jedoch für uns selbst als Manipulation umzudefinieren, sobald diese offenkundig geworden ist.

Ob und bis zu welchem Grad die in diesem Kapitel beschriebenen Beeinflussungstechniken auch für gute Zwecke genutzt werden dürfen, kann nur jeder für sich selbst entscheiden. Warum sollte man nicht einem Wohlhabenden Geld für ein soziales Projekt entlocken und damit die Welt ein bisschen besser und ihn vielleicht ein wenig glücklicher machen? Ist es zulässig, die Daumenschraube eines maßlos ehrgeizigen, aber moralisch ungeeigneten Menschen zu nutzen, um zu verhindern, dass er eine Machtposition erreichen und missbrauchen kann? Wo ist meine Grenze? Wo ist Ihre Grenze?

Sich einen guten Ruf erwerben – nie von sich reden

Die These: Nie von sich reden

> *Entweder man lobt sich, welches Eitelkeit, oder man tadelt sich, welches Kleinheit ist: und wie es im Sprecher Unklugheit verrät, so ist es für den Hörer eine Pein. Wenn nun dieses schon im gewöhnlichen Umgang zu vermeiden ist, wie viel mehr auf einem hohen Posten, wo man zur Versammlung redet, und wo der leichteste Schein von Unverstand schon für diesen selbst gilt.*

Eigenlob stinkt. Der gute Ruf baut sich auf, indem möglichst viele andere positiv über einen reden. Trotzdem hängen einige Menschen dem Irrtum nach, dass sie sich nur oft und laut selbst huldigen müssen, um eine hohe Reputation zu erwerben. Anders lässt es sich nicht erklären, dass die Welt so voll von Ankündigungen ist. Carly Fiorina, ehemalige Vorstandsvorsitzende von Hewlett-Packard, hat beim Amtsantritt zu ihren Marketingleuten gesagt: „Wir machen pro Tag mehr als drei neue Produktankündigungen. Können Sie sich die alle merken? Unsere Kunden können das nicht."

Man muss eine sehr laute Stimme haben, um sich in dem Marktgeschrei der Selbstpreisungen auch nur für kurze Zeit Gehör zu verschaffen. Diese dauernde Belastung wird der Stimme Gewalt antun. Sie wird bald ihre Kraft verlieren und nur mehr heiser krächzen können. Dann wird sich für kurze Zeit ein anderer Schreihals durchsetzen.

Die Klugen haben erkannt, dass der gute Ruf immer aus den Energien entsteht, die man bei anderen auslöst, nie durch das, was man von sich selbst behauptet. Sie vertrauen daher weit mehr ihren Ohren als ihrer Stimme. Sie hören genau hin, was Resonanz bei anderen findet. Die Herzen der Menschen öffnen sich leicht, wenn sie glauben, etwas zu hören, das in ihrem Innersten schon ausgeformt, aber noch nicht formuliert war. Hören sie ihre eigenen Gedanken einem Echo gleich aus einem fremden Mund, werden sie sich angezogen fühlen. Und wenn die Stimme auch leise ist, wird sie leicht zu ihnen dringen, unverwechselbar im Lärm der anderen, die immer nur über sich schwelgen. Irgendwann werden sie sich bei jemandem erkundigen, wer denn der Fremde ist. Wenn sie dann beginnen, erst ihren Freunden und schließlich jedem, dem sie begegnen, mit großer Begeisterung zu erzählen, dass sie einen weisen Menschen gehört haben, dann haben sie dessen Ruf ein Stückchen mehr gefestigt, ohne dass er es tun musste.

Über sein Vorhaben in Ungewissheit lassen

Indem man seine Absicht nicht gleich kundgibt, erregt man die Erwartung, zumal wann man durch die Höhe seines Amts Gegenstand der allgemeinen Aufmerksamkeit ist. Bei allem lasse man etwas Geheimnisvolles durchblicken und errege, durch seine Verschlossenheit selbst, Ehrfurcht ... Behutsames Schweigen ist das Heiligtum der Klugheit. Das ausgesprochene Vorhaben wurde nie hoch geschätzt, vielmehr liegt es dem Tadel bloß: und nimmt es gar einen ungünstigen Ausgang, so wird man doppelt unglücklich sein.

Der Chor der Ankündigungsweltmeister ist riesig, der Kreis jener, die es tatsächlich auf einem Gebiet zur Meisterschaft gebracht haben, dagegen sehr klein. Kein einigermaßen vernunftbegabter Künstler wird sein neues Werk hinausposaunen, bevor dieses vollendet ist. Denn er weiß genau, dass sein guter Ruf schwer beschädigt wäre, falls das neue Werk dann doch nicht abgeschlossen wird. Wo nichts ist, kann auch nichts beschädigt werden, könnte man sich jetzt über jene Politiker denken, die täglich nicht nur drei Pressemeldungen hinauswerfen, sondern sogar ihre Strategien selbst lancieren, in der Hoffnung, damit einige Sekunden Aufmerksamkeit zu erhaschen. Betrachtet man dagegen jene wenigen, die sich den Ruf des Staatsmannes erwerben konnten, wie Konrad Adenauer, Helmut Schmidt, Helmut Kohl, Julius Raab oder Bruno Kreisky, so beherrschten diese alle die Kunst des beharrlichen Schweigens. François Mitterrand galt überhaupt als Hohepriester der Lehren des Baltasar Gracián. Es gelang ihm, sich stets mit einem Hauch des Geheimnisvollen zu umhüllen.

In der Wirtschaft war Steve Jobs ein Meister darin, die Öffentlichkeit über seine Absichten rätseln zu lassen. Legendär sind die wilden Spekulationen über die neuen Produkte, an denen Apple angeblich arbeitete, um die staunende Welt erst mit bunten Computern, später mit i-pod, i-phone, i-pad zu verblüffen. Jobs verstand es auch schon vor seiner Krebserkrankung, sich immer für längere Zeit zurückzuziehen, um das Interesse an seiner Person wach zu halten.

**Wie die Gegenwart den Ruhm vermindert,
so vermehrt ihn die Abwesenheit**

Ein Paradebeispiel dafür, wie man durch Abwesenheit seine Verehrung fördern kann, ist der katalanische Koch Ferran Adrià.

Der ehemalige Tellerwäscher und Smutje auf einem Marineschiff schaffte es in den Jahren 1983 bis 2011, sein Restaurant „El Bulli" als Nummer eins in allen Gourmetführern der Welt zu etablieren. „El Bulli" war immer nur sieben Monate für Gäste geöffnet und die restlichen fünf Monate diente das Restaurant als Forschungslabor, indem Adrià mit seiner gesamten Küchenmannschaft an Innovationen arbeitete. Er weigerte sich hartnäckig, die 50 Plätze im „El Bulli" auch nur um einen zu erhöhen. Für die 8000 Plätze pro Halbjahr gab es über zwei Millionen Reservierungsanfragen. Jedes Jahr erhielt Adrià 1500 Bewerbungen von Köchen aus aller Welt, von denen nur 35 ausgewählt wurden. Zwei Drittel davon arbeiteten überdies auch ohne Entgelt. Das änderte allerdings nichts daran, dass das Restaurant wegen des hohen Personalaufwandes Verluste schrieb, die aber durch Catering und Bücher ausgeglichen werden konnten. Anfang 2011 trieb Ferran Adrià seine Strategie des bewussten Rückzugs auf die Spitze, indem er verkündete, sein Restaurant für zwei Jahre komplett schließen zu wollen. Am 30. Juli 2011 verwirklichte er dann diese Ankündigung und konzentriert sich seither auf die Entwicklung neuer kulinarischer Kreationen. Der Gastrokritiker Wolfram Siebeck titulierte Adrià in der „Zeit" als „Der Außerirdische". Till Ehrlich stellt in seinem Buch „Die Exerzitien des Ferran Adrià" explizit den Bezug zu den Jesuiten her.

Die Strategien *Über sein Vorhaben in Ungewissheit lassen* und *Durch Abwesenheit seine Verehrung fördern* funktionieren allerdings nur, wenn alle geschürten Erwartungen tatsächlich übertroffen werden. Wenig gefährdet den guten Ruf mehr als ein lauter Trommelwirbel, dem ein Fiasko folgt.

Nie übertreiben

> Das Lob erweckt lebhafte Neugierde, reizt das Begehren, und wenn nun nachher ... der Wert dem Preis nicht entspricht, so wendet die getäuschte Erwartung sich gegen den Betrug und rächt sich durch Geringschätzung des Gerühmten und des Rühmers.

Eine der größten PR-Katastrophen in der Autoindustrie war das Scheitern der damals neuen A-Klasse von Mercedes beim Elchtest im Jahr 1997. Dieser Fahrdynamiktest, der aus Skandinavien stammt, simuliert das Ausweichen vor einem plötzlich auf die Straße tretenden Elch. Das Foto des auf dem Dach liegenden A-Klasse-Wagens war ein offener Bruch des Versprechens, den sichersten Kleinwagen gebaut zu haben. Der Ruf von Mercedes erlitt einen schweren Rückschlag. Mercedes verstieß unwissentlich gleich gegen ein zweites Prinzip von Gracián: *Nie sein Ansehen von der Probe eines einzigen Versuchs abhängig machen, denn missglückt er, so ist der Schaden unersetzlich.* Die Übertreibung ist eine enge Verwandte der Lüge. Sie beleidigt erst die Intelligenz kluger Menschen, so lange, bis sie auch vom Dümmsten durchschaut wird.

Nicht sich zuhören

> Sich selber gefallen hilft wenig, wenn man den anderen nicht gefällt; und meistens straft die allgemeine Geringschätzung die Selbstzufriedenheit.

Der gute Beobachter Gracián entlarvte eine der größten menschlichen Schwächen – nein, korrekterweise muss man schreiben, männlichen Schwächen: die Versuchung, sich beim Reden zugleich selbst zuhören zu wollen und die Umstehenden dafür noch als Publikum zu missbrauchen. Manch leidgeprüfter Zuhörer versucht die Marter abzukürzen, indem er ein „großartig, völlig richtig" einwirft. Das wird von dem an Gefallsucht Leidenden aber als Aufforderung missverstanden, noch weiter auszuholen.

Ein typisches Beispiel hat mir eine befreundete Universitätsprofessorin für Konfliktforschung erzählt. Beim gemeinsamen Abendessen nach einem Kongress erkundigte sie sich bei ihrem Sitznachbarn nach seinem Forschungsgebiet. Dieser legte sofort begeistert los, hielt eine Vorlesung über seine aktuellen Projekte und versuchte auch geschickt die Aufmerksamkeit der anderen Nachbarn in Hörweite auf sich zu lenken. Nach einer halben Stunde wusste die zu einer „Hörerin" umfunktionierte Professorin eine ganze Menge über dessen Spezialgebiet, vor allem über seine Erfolge und Publikationen. Als eine kurze Gesprächspause entstand, fragte er sie, womit sie sich beschäftige. „Konfliktforschung, derzeit arbeite ich über den Nahen Osten." – „Wussten Sie, dass ich vor zehn Jahren einmal ein Seminar in Jerusalem über kulturelle Unterschiede gehalten habe?", hakte er ein und begann von seinen Erfahrungen zu berichten. Erst die Toasts durch den Gastgeber bremsten seinen Erzähldrang und erlösten die Professorin. Am nächsten Tag wurde sie von einer Kollegin gefragt, was sie denn von ihrem Sitznachbarn hielte. Ihre kurze Antwort festigte dessen Ruf als aufgeblasenen Schwätzer.

Je mehr Talente man besitzt, desto weniger ist es notwendig, diese selbst hervorzuheben. Selbst die außergewöhnlichsten Eigenschaften verlieren ihren Glanz, wenn man sie selbst beleuchtet. Je besser man eine Sache beherrscht, desto mehr sollte man die darauf verwandte Mühe verbergen, damit andere das naturgegebene Talent bewundern können. Wem es aufgrund seines Charakters unmöglich ist, seine Einbildung zu verbergen, der sollte sie zumindest mit Ironie verkleiden und so leichter für andere erträglich machen. Henry Kissinger, der sich den Ruf erworben hatte, sich seiner Brillanz durchaus bewusst zu sein, wurde einmal von einem Gastgeber zehn Minuten lang in den höchsten Tönen angekündigt, ohne auch nur einen Superlativ auszulassen. Als Kissinger endlich zu Wort kam, begann er mit dem Satz „Danke für das Understatement" und erntete tosendes Gelächter. Sein Ruf als eitler, aber kluger Mann war gefestigt. Das führt uns zur Gegenthese, dass man durchaus über sich reden darf. Aber wenn, dann nach allen Regeln der Kunst.

Die Gegenthese: Tu Gutes und rede darüber

„Erlauchter Gebieter!

Da ich die Proben all derer, die sich für Meister und Hersteller von Kriegsgeräten ausgeben, nun zur Genüge untersucht und dabei erkannt habe, dass die Erfindungen und Anwendungen der genannten Geräte durchaus nicht ungebräuchlich sind, so will ich mich denn, ohne irgendeinen anderen herabzusetzen, um eine Verständigung mit Ehrwürdiger Hoheit bemühen, indem ich Ihnen meine Geheimnisse offenbare und sie Ihnen ganz zur Verfügung stelle, um zu gegebener Zeit alle die Dinge auszuführen, die hier unten in Kürze aufgezählt werden:
1. Ich habe Pläne für sehr leichte, aber dabei starke Brücken, die sich ganz leicht befördern lassen und mit denen man den Feind verfolgen und manchmal auch fliehen kann, und solche für andere, feste Brücken, die weder durch Feuer noch im Kampf zerstört und leicht und bequem abgebrochen und errichtet werden können, und auch Pläne, um die des Feindes zu verbrennen und zu zerstören.

2. Ich kann bei der Belagerung eines Platzes das Wasser aus den Gräben ableiten und zahlreiche Brücken, Rammböcke, Sturmleitern und andere zu einem solchen Unternehmen gehörende Gegenstände machen.

...

11. Ferner werde ich bei der Bearbeitung von Marmor, Erz und Ton sowie in der Malerei wohl etwas leisten, was sich vor jedem anderen, wer immer es auch sei, sehen lassen kann.
12. Übrigens könnte man auch an dem Bronzepferd arbeiten, das dem seligen Andenken Ihres Herrn Vater zu unsterblichem Ruhm und dem Hause Sforza zu ewiger Ehre gereichen wird.

Und wenn irgendeine der oben genannten Sachen irgendjemand unmöglich oder unausführbar erscheinen sollte, so bin ich durchaus bereit zu einer Vorführung in Ihrem Park oder wo Ehrwürdige Hoheit wollen.

Ich empfehle mich Ihnen untertänigst. ..."

Diese Bewerbung[1] schrieb ein gewisser Leonardo di ser Piero im Jahr 1482 an Ludovico Sforza, den Herzog von Mailand. Der damals 30-jährige Briefschreiber war offensichtlich weder von Selbstzweifeln geplagt, noch hatte er ein Problem damit, seine Fähigkeiten selbst im besten Licht darzustellen. Und an Talenten mangelte es ihm wahrlich nicht.

Leonardo da Vinci gilt bis heute als das große Universalgenie der Menschheit. Trotzdem war er sich nicht zu gut, sich Fürsten und anderen potenziellen Auftraggebern anzupreisen. Er tat das aber mit einer Sprachgewalt, die eines Leonardo würdig war. Die zwölf Punkte seines Briefes an den Herzog Ludovico erinnern mehr an ein Bild als an einen Leistungskatalog. Leonardo bekam jedenfalls den Job, allerdings vor allem wegen seiner höflichen Manieren und seiner einnehmenden Persönlichkeit, wie sein Biograf Giorgio Vasari erzählt. Von Leonardo sind die Altersporträts bekannt, als junger Mann war er dagegen von beeindruckender Schönheit. Wie Gracián sagen würde, hatte er im Reden und Tun etwas Imponierendes. Es zeigt sich in allem, im Umgang, im Reden, im Blick, in den Neigungen, sogar im Gang.

Wer meint, dass die Differenz der eigenen Möglichkeiten zu jenen Leonardos so groß ist, dass schon der Gedanke daran, von ihm etwas lernen zu können, verwegen sei, dem empfehle ich das Buch „Das Leonardo-Prinzip" von Michael Gelb, das anschaulich in dessen Arbeitsmethoden einführt. Es zeigt auch, wie viel Zeit Leonardo trotz seines ständigen Schaffens dem Denken und Planen gewidmet hat.

Sich sein Neusein zunutze machen, denn so lange jemand noch neu ist, ist er geschätzt

Am 13. März 2013 wurde Jorge Mario Bergoglio zum Oberhaupt der römisch-katholischen Kirche gewählt. Die erste Schlacht focht und gewann Franziskus im Umkleideraum. Er lehnte sowohl die roten Schuhe als auch den Samtumhang, die Mozetta, ab. Als der Zeremonienmeister insistierte, machte ihm Franziskus mit wenigen Worten klar, wer der neue Herr im Vatikan ist: „Wenn Sie unbedingt wollen, dann können Sie die Schuhe gerne selbst anziehen. Der Karneval ist vorbei." Nach der Wahl stieg er in den Bus gemeinsam mit den anderen Kardinälen und verweigerte den bereitstehenden Mercedes mit Fahrer. Seitdem fahren viele vatikanische Würdenträger öffentlich statt mit Chauffeur. Und sie überlegen zweimal, ob sie weiterhin gerne in Luxusrestaurants gesehen werden wollen.

In seinen ersten Worten auf dem Balkon des Vatikans redete Franziskus von sich als „Bischof von Rom" und bat die Gläubigen erst um ihren Segen, bevor er sie segnete. Um seine Botschaft „Ich bin einer von euch" noch zu verstärken, wünschte er

„allen Brüdern und Schwestern eine gute Nacht". Was sich für manche bei uns wie eine leere Floskel anhörte, wurde in den Elendsvierteln der Welt sehr gut verstanden. Dort ist eine gute Nacht nämlich keine Selbstverständlichkeit.

Die Kerndisziplinen eines globalen Führers im 21. Jahrhundert „Führen nach innen" und „Kommunizieren nach außen" hat Franziskus mit Bravour bewältigt. Über sein Vorhaben, wie er die Kirche reformieren will, hat er bisher alle in Ungewissheit gelassen. Es ist ihm durchaus zuzutrauen, dass in der alten Kurie kein Stein auf dem anderen bleibt. Die Bestellung des für vatikanische Verhältnisse 58-jährigen „Jünglings" Pietro Parolin zum Nachfolger des umstrittenen Tarcisio Bertone als Kardinalstaatssekretär ist ein mehr als deutliches Zeichen dafür. Dass Franziskus mit Macht sehr gut umzugehen versteht, hat er schon davor bewiesen. Als Erste hat das die argentinische Präsidentin Cristina Fernández de Kirchner erleben müssen, die über Bergoglios Wahl ungefähr so erfreut war wie früher das polnische KP-Politbüro über jene Wojtyłas.

Jorge Mario Bergoglio hat keinen Harvard MBA absolviert. Menschenführung hat er nicht in Seminaren, sondern in den Slums von Buenos Aires gelernt. Franziskus ist ein Jesuit aus einem spanisch sprechenden Land. Es dürfte sehr wahrscheinlich sein, dass er das „Handorakel" im Original gelesen hat. Daher ist auch anzunehmen, dass er sich hütet, in Fragen der persönlichen Lebensführung auch nur einmal zu fehlen.

Mehr darauf wachen, nicht einmal zu fehlen,
als hundertmal zu treffen

> Nach der strahlenden Sonne sieht keiner, aber alle nach der verfinsterten. Die gemeine Kritik der Welt wird dir nicht, was dir gelungen, sondern was du verfehlt hast, nachrechnen.

Der Fall des Uli Hoeneß vom erfolgreichen Unternehmer mit sozialem Gewissen zum Steuerhinterzieher zeigt, wie aktuell das „Handorakel" ist. All seine gelungenen Leistungen nützten ihm nicht, um einen einzigen Makel auf seiner bis dahin blütenweißen Weste auszulöschen. Margot Käßmann, die charismatische Bischöfin, die einmal ein paar hundert Meter mit zu viel Alkohol im Auto gefahren ist, kann auch ein Lied davon singen. Das ist die Schattenseite des guten Rufes. Je mehr Beifall ein Mensch erhält, desto stärker ist er der üblen Nachrede ausgesetzt, wenn er einmal fehlt.

Fazit

Man kann zwar seine Autobiografie als Heldenepos dichten, die Beurteilung eines Lebens erfolgt aber immer durch andere. Es dauert mitunter einige Zeit, doch irgendwann setzt sich die Wahrheit durch. Mao hat es bis lange nach seinem Tod geschafft, sich außerhalb von China als gutmütiger Lehrer seines Volkes in Erinnerung zu halten. Es bedurfte vieler Bücher und Zeitzeugenberichte, bis er als einer der größten Massenmörder der Geschichte entlarvt wurde, auf einer Stufe mit Hitler und Stalin.

Der gute Ruf beginnt niemals als lauter Ruf, sondern leise in den kleinen Dingen. Dadurch, dass andere davon erzählen, gewinnen die kleinen Dinge große Bedeutung. Relevanz entsteht nicht durch das, was man sagt, sondern durch die Wellen, die man damit auslöst.

Die Gefahr, dass wenn man nie von sich redet, das auch andere nicht tun werden, muss bedacht werden. Nie von sich zu reden darf daher keinesfalls missverstanden werden, nichts für seinen Ruf zu tun. Das aufgezeigte Dilemma „Nie von sich reden" versus „Richtig von sich reden" kann man in dem Satz „Tu

Gutes und lasse andere darüber reden" auflösen. Eines haben alle vorgeschlagenen Strategien des „Handorakels" gemeinsam: Am Ende des Tages sind es die Werke und die Integrität eines Menschen, die entscheiden.

> *Der [gute] Ruf ist schwer zu erlangen, denn er entsteht nur aus ausgezeichneten Eigenschaften, und diese sind so selten als die mittelmäßigen häufig. Einmal erlangt aber, erhält er sich leicht. Er legt Verbindlichkeiten auf; aber er wirkt noch mehr. Geht er, wegen der Erhabenheit seiner Ursache und seiner Sphäre, bis zur Verehrung, so verleiht er uns eine Art Majestät. Jedoch ist nur der wirklich gegründete Ruf von unvergänglicher Dauer.*

Die letzte große Hürde auf dem Weg zum langlebigen Ansehen schaffen nur die wenigsten. Indem sie die Zeichen der Zeit hartnäckig ignorieren, zerstören sie ihr Denkmal selbst, bevor dieses vollendet werden konnte. Wie viele Künstler, Wirtschaftsführer, Politiker oder Sportler wären zur bewunderten Legende geworden, hätten sie sich eine Maxime von Gracián rechtzeitig zu Herzen genommen:

Nicht abwarten, dass man eine untergehende Sonne sei

Es ist eine Regel der Klugen, die Dinge zu verlassen, ehe sie uns verlassen. Man wisse, aus seinem Ende selbst sich einen Triumph zu bereiten. Sogar die Sonne zieht sich oft, noch bei hellem Schein, hinter eine Wolke zurück, damit man sie nicht versinken sehe und ungewiss bleibe, ob sie untergegangen sei oder nicht.

---

1 Vgl. Michael Gelb: Das Leonardo-Prinzip. Die sieben Schritte zum Erfolg, München 2001, S. 41 ff.

Die Gunst des Augenblicks – geduldig warten oder entschieden handeln?

„Wer bist du?
Ich bin Kairos, der alles bezwingt!
Warum läufst du auf Zehenspitzen?
Ich, der Kairos, laufe unablässig.
Warum hast du Flügel am Fuß?
Ich fliege wie der Wind.
Warum trägst du in deiner Hand ein spitzes Messer?
Um die Menschen daran zu erinnern, dass ich spitzer bin als ein Messer.
Warum fällt dir eine Haarlocke in die Stirn?
Damit mich ergreifen kann, wer mir begegnet.
Warum bist du am Hinterkopf kahl?
Wenn ich mit fliegendem Fuß erst einmal vorbeigeglitten bin, wird mich auch keiner von hinten erwischen,
so sehr er sich auch bemüht.
Und wozu schuf Euch der Künstler?
Euch Wanderern zur Belehrung."

Dieser Dialog eines Menschen mit Kairos[1] wurde von Poseidippos von Pella im 3. Jahrhundert vor Christus verfasst. Kairos ist ein religiös-philosophischer Begriff für den günstigen Augenblick einer Entscheidung. Lässt man ihn ungenützt verstreichen, dann könnte man das später bitter bereuen. Die Redensart „die Gelegenheit beim Schopf packen" wird auf die Darstellung des Gottes Kairos mit kahlem Hinterkopf in einer antiken Bronzeplastik zurückgeführt. Wenn die Gelegenheit vorbei ist, kann man sie nicht mehr fassen. Die Sorge, den rechten Augenblick zu verpassen, spielt in der griechischen Mythologie und Philosophie eine zentrale Rolle.

Gracián warnt uns dagegen, vorschnell und damit falsch zu entscheiden. Er legt uns die Regeln *Warten können, Zurückhaltung ist ein sicherer Beweis von Klugheit* oder *Die Kunst, die Dinge ruhen zu lassen* ans Herz. Zusammenfassen könnte man seine Ansichten wie folgt:

Die These: Sicherer sind die Überlegten

> *Schnell genug geschieht, was gut geschieht. Was sich auf der Stelle macht, kann auch auf der Stelle wieder zunichte gemacht werden: aber was eine Ewigkeit dauern soll, braucht auch eine, um zustande zu kommen. Nur die Vollkommenheit gilt, und nur das Gelungene hat Dauer. Verstand und Gründlichkeit schaffen unsterbliche Werke. Was viel wert ist, kostet viel. Ist doch das edelste Metall das schwerste.*

Worte wie „Ewigkeit" oder „Dauer" gewinnen eine andere Bedeutung, wenn man sie aus der Perspektive der Zeit des Gründers der Jesuiten betrachtet. Eine Anweisung, die Ignatius an seinen Mitbruder Franz Xaver nach Indien schickte, galt als schnell, wenn sie dort nach drei Jahren einlangte. Die Rückantwort von Xavier konnte dann vier Jahre dauern, bis sie wiederum bei Ignatius in Rom ankam. Die durchschnittliche Übertragungszeit einer Korrespondenz zwischen Italien und Indien lag im 15. Jahrhundert also bei sieben Jahren. Heute sind es höchstens einige Sekunden. Die Zeit, Botschaften zu formulieren und Entscheidungen abzuwägen, hat sich dramatisch verkürzt.

Der Wirtschaftsprofessor Henry Mintzberg hat in einer Studie über 29 Top-Manager vom Chef der Royal Bank of Canada bis zum Leiter eines Flüchtlingslagers in Tansania herausgefunden, dass die Hälfte aller Handlungen eines Vorstandes nicht länger als neun Minuten dauert. Management besteht vor allem aus Unterbrechungen und Krisen. Das lässt einfach immer weniger Zeit für behutsames Abwarten und kluges Abwägen. In diesem Zustand des permanenten Entscheidungsdrucks leben nicht nur Spitzenmanager.

Ständig entscheiden zu müssen strengt uns alle an, unabhängig von der Bedeutung der Entscheidung. Jeder, der einmal eine Wohnung eingerichtet, eine Hochzeit vorbereitet oder eine längere Reise geplant hat, weiß, wie erschöpfend das Vergleichen und Bewerten der scheinbar unendlich vielen Möglichkeiten ist. Das Phänomen der Entscheidungsermüdung macht deutlich, wie sehr unsere Entschlossenheit ab einem bestimmten Punkt abnimmt. So treffen wir eine riskante Entscheidung eher ausgeruht am Morgen, während wir immer öfter die Komfortvariante wählen, je länger der Tag dauert. Dieses irrationale Muster ist empirisch bewiesen. Es zeigt, wie groß die Kluft zwischen den hohen Ansprüchen an die Qualität unserer Entscheidungen und unserem tatsächlichen Verhalten ist.

Zur rechten Zeit am rechten Ort sein, die Zeichen der Zeit erkennen, die Gunst der Stunde nutzen, den rechten Augenblick erwischen, wissen, was die Stunde geschlagen hat, in Sekundenbruchteilen reagieren und einen langen Atem haben – das sind Qualitäten, die wir beherrschen sollten. Jedenfalls versucht man uns das einzureden. Mit Erfolg, denn hat sich in einer Gesellschaft ein bestimmtes Tempo durchgesetzt, gewöhnen sich bald alle so daran, dass sie nicht nur von sich selbst, sondern auch von allen anderen erwarten, sich daran zu halten. Dadurch entsteht eine Atmosphäre, die uns dazu verleitet, im Zweifel eher schnell als richtig zu entscheiden oder im anderen Extrem völlig blockiert in einem Zustand der Entscheidungsunfähigkeit zu verharren.

Gracián mahnt zur Vorsicht, nicht in jedem, der sich schnell bewegt, vorne einen Schopf und hinten eine Glatze hat, den Gott Kairos zu sehen. Manchmal ist es ein verkleideter Narr, und wenn wir diesen nicht durch sorgfältige Prüfung entlarven, werden wir schnell selbst zu einem. Die letzte Gelegenheit beim Schopf zu packen, um noch einen Partner zu finden, ein Kind zu zeugen oder zu bekommen, das letzte Stück im Ausverkauf zu ergattern, die letzte Dachwohnung mit Terrasse in der Neubausiedlung zu erwerben oder bei einem großen Deal dabei zu sein, sollte eher alle Alarmglocken bei uns schrillen lassen. Im „Handorakel" können wir zwar nicht lesen, wann wir warten und wann wir handeln sollen, aber es schärft uns ein, dass wir die Entscheidung darüber nicht dem Zufall oder unserer Veranlagung überlassen sollten. Diesen Fallen auszuweichen bedarf großer Anstrengung. Drei Tugenden können dabei hilfreich sein. Sie sind leicht zu verstehen, aber schwer anzuwenden: *Warten können, Nachdenken* und *Zurückhaltung*

1. Warten können

> Es beweist ein großes Herz mit Reichtum an Geduld,
> wenn man nie in eiliger Hitze, nie leidenschaftlich ist ...
> Nur durch die weiten Räume der Zeit gelangt man zum
> Mittelpunkt der Gelegenheit. Weise Zurückhaltung bringt
> die richtigen, lange geheim zu haltenden Beschlüsse zur
> Reife. Die Krücke der Zeit richtet mehr aus als die eiserne
> Keule des Herkules.

2. Nachdenken, und am meisten über das, woran am meisten gelegen

> Der Kluge denkt über alles nach, wiewohl mit Unterschied: er vertieft sich da, wo er Grund und Widerstand findet, und denkt bisweilen, dass noch mehr da ist, als er denkt ...

3. Zurückhaltung ist ein sicherer Beweis von Klugheit

> Das Schlimmste ist, dass, wer sich am meisten mäßigen sollte, es am wenigsten tut. Der Weise erspart sich Verdrießlichkeiten und Verwicklungen und zeigt seine Herrschaft über sich.

Es ist nicht immer die Tragweite der Entscheidung, die uns hindert, überlegt zu handeln. Ich kenne einen Unternehmer, der sich innerhalb weniger Minuten entscheiden kann, ein Haus um mehrere Millionen Euro zu kaufen, aber für die Auswahl seiner Speisen im Restaurant gefühlte Stunden braucht. Obwohl ich eingestehen muss, dass er finanziell durchaus erfolgreich ist, würde ich diese Methode nicht unbedingt weiterempfehlen.

Der große Management-Denker Peter Drucker hat geraten, zwischen wichtigen und dringenden Dingen zu unterscheiden. Schenkt man den dringenden Dingen zu viel Aufmerksamkeit, werden die wichtigen irgendwann dringend und man ist gezwungen, unter Druck zu entscheiden. Wenn man sich daher immer wieder zur Genauigkeit dieser Beurteilung zwingt, ist es möglich, Tugenden wie *Warten können*, *Nachdenken* und *Zurückhaltung* auch in unserer rasanten Zeit zu befolgen. Handelt es sich bei einer vermeintlichen Gelegenheit um eine Sache, die man mit der ganzen Anstrengung seines Verstandes und der Tiefe seiner Gefühle durchdringen soll, oder um eine Angelegenheit, aus der man keine große machen sollte? Doch wer weiß schon immer im Vorhinein, was eine kleine und was eine große Sache ist?

Die Gegenthese: Entschlossen handeln

Das Dilemma Michael Gorbatschows begann am 11. März 1985. An diesem Tag wurde er zum Generalsekretär der Kommunistischen Partei gewählt. Er startete seine Amtszeit energisch mit der Vernichtung von Weinstöcken und Obstbäumen, um die Sowjetunion von der Geißel des Alkoholismus zu befreien. Gorbatschow bekannte die Fehlentwicklungen des Kommunismus öffentlich ein, sorgte für den Rückzug aus Afghanistan, rehabilitierte den Regimekritiker Andrei Sacharow, bot einseitige Abrüstung an und gestand den Völkern Osteuropas Selbstbestimmung zu. All das führte dort zu überwiegend friedlichen Revolutionen, die auch bald vor der Sowjetunion nicht Halt machten. Im August 1991 überlebte Gorbatschow gerade noch einen Putschversuch, der in Folge Boris Jelzin an die Macht brachte. Dieser demütigte Gorbatschow und zwang ihn am 25. Dezember 1991 zum Rücktritt als Präsident der Sowjetunion. Undank ist der Welten Lohn.

Im Gegensatz dazu verdankt Helmut Kohl seine historische Rolle nicht einer Vielzahl von mutigen Reformen, sondern einer kurzen Periode entschlossenen Handelns. Der bis dahin von seinen Gegnern als Zauderer diffamierte Kohl nutzte mit aller Kraft das kleine Entscheidungsfenster, das sich 1989 durch den Umsturz in der DDR aufgetan hatte. Er erreichte die Duldung Gorbatschows zum NATO-Beitritt des wiedervereinigten Deutschland, eine Vorbedingung des US-Präsidenten Ronald Reagan für seine Zustimmung. Reagan bedankte sich dafür, indem er den zögernden François Mitterrand und die völlig ablehnende Margaret Thatcher doch noch ins Boot holte.

Diese natürlich völlig verkürzt wiedergegebenen historischen Zusammenhänge sollen einerseits die Ambivalenz politischer Entscheidungen beleuchten, andererseits die oft verkürzte Abstempelung von Menschen als „Zauderer" oder „Macher" hinterfragen. Vorsichtig abwarten oder entschieden handeln ist keine Frage des Charakters und schon gar keine einfache Ja- oder Nein-Entscheidung. Es ist eher vergleichbar mit der Kunst, mit mehreren Bällen zu jonglieren. Steht man in der Öffentlichkeit, sollte man dabei noch lächeln können, selbst wenn man Tritte aus dem Hinterhalt erhält.

Die wenigsten von uns werden gefordert sein, die Weltpolitik entscheidend zu prägen, sehr wohl aber durch entschlossenes Handeln einen Auftrag abzuschließen, ein Projekt zu realisieren oder, noch viel wichtiger, den Partner fürs Leben zu gewinnen. Dabei kann es darum gehen, sich für eine vage Hoffnung ins Auto zu setzen und Hunderte von Kilometern zu fahren oder alle inneren Zweifel zu überwinden und einen Anruf zu wagen, den man schon seit Wochen aufgeschoben hat. Im „Handorakel" findet man wohl nicht zufällig ebenso viele Regeln, die zur Vorsicht mahnen, wie solche, die zum entschlossenen Handeln auffordern. Hier drei davon:

1. *Ein Mann von Entschlossenheit*

> *Nicht so verderblich ist die schlechte Ausführung als die Unentschlossenheit. Flüssigkeiten verderben weniger, solange sie fließen, als wenn sie stocken ... Schwierigkei-*

ten auffinden beweist Scharfsinn; jedoch noch größeren das Auffinden der Auswege aus ihnen. – Andere hingegen gibt es, die nichts in Verlegenheit setzt: von umfassendem Verstand und entschlossenem Charakter, sind sie für die höchsten Stellen geboren: denn ihr aufgeweckter Kopf befördert den Geschäftsgang und erleichtert das Gelingen.

2. Den günstigen Erfolg weiterführen

Einige verwenden alle ihre Kraft auf den Anfang und vollenden nichts ... Auch erlangen sie keinen Ruhm, weil sie nichts verfolgen, sondern alles ins Stocken geraten lassen ... sie beweisen, dass sie es könnten, aber nicht wollen: dies liegt denn aber doch am Unvermögen oder am Leichtsinn. Ist das Unternehmen gut, warum wird es nicht vollendet? Ist es schlecht, warum wurde es angefangen? Der Kluge erlege sein Wild und begnüge sich nicht, es aufgejagt zu haben.

3. Geistesgegenwart haben

Sie entspringt aus einer glücklichen Schnelligkeit des Geistes. Für sie gibt es keine Gefahren noch Unfälle, kraft ihrer Lebendigkeit und Aufgewecktheit. Manche denken viel nach, um nachher alles zu verfehlen: andere treffen alles, ohne es vorher überlegt zu haben ... Die Raschen also erlangen Beifall, weil sie den Beweis einer gewaltigen Fähigkeit, Feinheit im Denken und Klugheit im Tun, ablegen.

Was blockiert uns, den richtigen Augenblick zum Handeln zu finden?

Wenn wir uns an dieser Stelle der asiatischen Weisheitslehren bedienen, so finden wir dort drei Verhaltensmuster: Festhalten, Wegschieben oder Verwirrung.

1. Festhalten: Werden wir von Gefühlen wie Neid, Eifersucht, Besitzgier oder Angst beherrscht, löst das den Wunsch nach Festhalten aus. Das verleitet uns dazu, unüberlegt zuzugreifen, Ja zu sagen, um nichts zu verlieren. Je stärker wir den Drang, etwas jetzt sofort festhalten zu wollen, in uns spüren, desto wichtiger ist es, innerlich loszulassen, um nicht ausschließlich unseren Instinkten die Herrschaft zu überlassen.
2. Wegschieben: Zorn, Widerwille oder Unentschlossenheit verlockt uns, eine Entscheidung von uns wegzuschieben, als ob uns diese gar nicht betreffen würde. Blenden wir aber eine Chance bewusst aus, können wir tatsächlich Gott Kairos verpassen.
3. Verwirrung: Dieser Zustand reißt Menschen ständig zwischen unterschiedlichen Gefühlen und Zielen hin und her. Sie gleichen einem Kutscher, der die Herrschaft über seine Pferde verloren hat und ohne klare Richtung mit hoher Geschwindigkeit durch die Landschaft rast. Mit Verwirrung ist nicht geistige Verwirrung gemeint, sondern die Unfähigkeit, ein Ziel genauer fokussieren zu können, weil es sich nach kurzer Zeit wieder auflöst und ein anderes auftaucht. Wer überhaupt nicht weiß, was er wirklich will, wird nie einen richtigen Zeitpunkt finden, eine Entscheidung zu treffen, sondern dort landen, wohin ihn der Zufall spült.

Das jesuitische Entscheidungsmodell

Ignatius war ein guter Kenner aller unserer inneren Konflikte und widersprüchlichen Gefühle. Sein Entscheidungsmodell unterscheidet drei Wege:[2]
1. Eine starke innere Kraft beseitigt jeden Zweifel und führt zu einer bestimmten Entscheidung, die dann ohne Zögern mit innerer Klarheit umgesetzt werden kann.
2. Nach Abwägen aller Umstände und dem Achten auf die eigenen inneren Zustände kommt man zu einer Entscheidung, die sich als die beste anbietet.
3. Wenn weder 1. noch 2. zutrifft, ist ein komplexerer Prozess notwendig. Zuerst muss die Vorfrage geklärt werden, ob man überhaupt frei ist, eine Entscheidung zu treffen oder nicht ohnehin nur eine Rechtfertigung sucht. Dann muss man untersuchen, ob überhaupt alle notwendigen Informationen zur Verfügung stehen. Als Nächstes werden mit Vernunft und Intelligenz alle Vor- und Nachteile abgewogen. Dazu kann es auch sinnvoll sein, jemanden von außen um seine Einschätzung zu bitten, um die Perspektive zu erweitern. Ein wichtiges Kriterium für die Entscheidung ist, wie man diese aus der Perspektive seiner letzten Stunde beurteilen würde.

Fazit

Psychologische Versuche belegen, dass Versuchspersonen damit überfordert sind, unter unsicheren Bedingungen eine vernünftige Wahl zu treffen, selbst wenn man sie über Denkfallen aufgeklärt hat. Die Bücher „Schnelles Denken, langsames Denken" von Nobelpreisträger Daniel Kahneman und „Die Kunst des klaren Denkens" von Rolf Dobelli zeigen in verblüffenden Fallstudien, welche mentalen Muster unsere Entscheidungen steuern.

Jeder Versuch, die Komplexität des Lebens in ein Entscheidungsprogramm einspeisen zu wollen, ist von vornherein zum Scheitern verurteilt. Daran hat sich seit dem Erscheinungsdatum des „Handorakels" trotz aller Erkenntnisse der Wissenschaft nichts geändert. Gracián lehrt uns keine Entscheidungsmethodik, sondern zeigt uns viele unterschiedliche Perspektiven, wo wir nur eine oder zwei sehen. Er zwingt uns zur Zurückhaltung und zum Nachdenken, wenn wir vorschnell zugreifen wollen, und treibt uns zum Handeln an, wenn wir unentschlossen zögern. Er vergisst nicht einmal den Improvisationskünstlern zu huldigen, die unter Druck am besten funktionieren. *Es gibt Genies, die erst in der Klemme am besten wirken: sie sind eine Art Ungeheuer, denen aus dem Stegreif alles, mit Überlegung nichts gelingt.*

Das Dilemma ist, dass wir es manchmal bitter bereuen, zu früh, weil unüberlegt gehandelt und bei anderer Gelegenheit alle Vor- und Nachteile so lange abgewogen zu haben, bis die Chance für immer vorbei war. In beiden Fällen würden wir viel dafür geben, mit einer Zeitmaschine nochmals an die Weggabelung zurückkreisen zu können. Als Schüler haben wir oft nach einer missglückten Schularbeit davon geträumt, diese am nächsten Morgen nochmals schreiben zu dürfen, mit dem Wissen, welche Beispiele kämen. Hängen wir als Erwachsene diesem kindlichen Wunschdenken nach, führt das zu unnötigen Seelenqualen. Wir müssen uns damit abfinden, dass wir zwar nach allen Regeln der Kunst klug entscheiden können, aber trotzdem keine Garantie für den guten Ausgang erhalten werden. Aber wir können die Wahrscheinlichkeit dafür deutlich erhöhen.

Das „Handorakel" ist kein Plädoyer für die Zauderer und Zögernden. Es zeigt uns in der Theorie, wo wir vorsichtig sein müssen, wo wir die Dinge ruhen lassen sollten und wo wir entschieden handeln müssen. Die kluge Anwendung überlässt es uns.

Mit feiner Ironie weist Gracián darauf hin, dass es an uns liegt, ob wir zu den Klugen oder den Dummen gehören.

> Der Kluge tue gleich anfangs, was der Dumme erst am Ende
>
> Der eine und der andere tut dasselbe; nur in der Zeit liegt der Unterschied: jener tut es zur rechten, dieser zur unrechten. Wer sich einmal von Haus aus den Verstand verkehrt angezogen hat, fährt nun immer so fort: was er auf den Kopf setzen sollte, trägt er an den Füßen, aus dem Linken macht er das Rechte und ist so ferner in allem seinem Tun linkisch ... Der Kluge dagegen sieht gleich, was früh oder spät geschehen muss: und da führt er es gern willig und mit Ehren aus.

---

1 Johannes Gründel: Kairos. In: Lexikon für Theologie und Kirche. Bd. 5, Freiburg im Breisgau 1996, Sp. 1129–1131.
2 Helmut Geiselhart: Das Managementmodell der Jesuiten. Ein Erfolgskonzept für das 21. Jahrhundert, Wiesbaden 1997, S. 123.

Die Kunst, Glück zu haben

Wenn ich nach einer Lesung Bücher signiere, wähle ich manchmal jemanden aus und frage ihn spontan, was er sich vom Leben wünscht. Die meisten sind überrascht. Je nach Stimmung lege ich dann mit einem Lächeln auf den Lippen nach: „Egal was Sie sagen, wenn ich es jetzt in Ihr Buch schreibe, passiert es – garantiert." Dann kommen meist Dinge wie Glück, Harmonie, Gesundheit, Zufriedenheit. Glück ist jedenfalls fast immer dabei. Ich schreibe bei der Widmung noch Liebe dazu, weil sie das Wichtigste im Leben ist. Dem stimmten bisher alle zu. Ein Leben in Zufriedenheit, Gesundheit und mit viel Liebe. Das verstehen die meisten Menschen also unter Glück. Wenn wir alle so genau wissen, was uns glücklich macht, warum betreiben wir dann einen ungeheuren Aufwand, um völlig andere Dinge zu erreichen?

Ein Beispiel: Viele Menschen sehnen sich nach mehr Zeit für ihre Familie und für sich selbst. Stellt man sie tatsächlich vor die Wahl, auf einen Teil ihres Gehaltes zu verzichten und dafür weniger zu arbeiten, lehnt das ein Großteil der Befragten ab. Das gilt sowohl für Angestellte als auch für Selbstständige und ist unabhängig von der Einkommenssituation. Bekommen Arbeitnehmer, die eine gut bezahlte, aber wenig befriedigende Arbeit ausüben, das Angebot für einen anderen Job mit Sinnerfüllung, aber weniger Gehalt, scheuen die meisten davor zurück, zu wechseln. Damit handeln Menschen gegen ihre eigenen Sehnsüchte. Sie treffen genau die falsche Entscheidung, sie tauschen Geld gegen Selbstbestimmung und begehen damit eine Todsünde, die sie am Ende ihres Lebens bitter bereuen werden.

Warum sind wir so oft die Feinde unseres Glücks? Weil wir mehr von dem wollen, was wir schon haben, weil wir das Laster der Tugend vorziehen, weil wir uns von unseren Leidenschaften treiben lassen und nicht von unserem Verstand, weil wir die Weisheiten des Seneca erst lesen, wenn unser Leben fast vorbei ist. Kurz gesagt, weil wir Dummköpfe und Narren sind. Das würde uns Gracián ziemlich unverhüllt als Antwort geben. Er selbst hätte auch keinerlei Problem, die Frage, was er sich vom Leben wünscht, ganz präzise zu beantworten.

> *Drei Dinge, welche im Spanischen mit einem S anfangen, machen glücklich: Heiligkeit, Gesundheit und Weisheit. Die Tugend ist die Sonne des Mikrokosmos oder der kleinen Welt und ihre Hemisphäre ist das gute Gewissen. Sie ist so schön, dass sie Gunst findet vor Gott und Menschen.*

Gracián gibt dem Thema Glück einen hohen Stellenwert im „Handorakel". Doch welchen Glücksbegriff meint es? Während im Englischen immer klar zwischen „good luck" im Sinne von Glück haben und „happiness" als Zustand des Glücklichseins unterschieden wird, erlaubt die deutsche Sprache diese Differenzierung nicht.

Inhaltlich wird allerdings schnell klar, dass Gracián meistens „Glück haben" oder „sein Glück machen" meint. Es darf daher nicht wundern, dass einige wesentliche Faktoren, die die moderne Glücksforschung entdeckt hat, bei ihm keine Rolle spielen. Liebe, Sexualität und das soziale Umfeld wie zum Beispiel die Familie kommen in Graciáns Verständnis von Glück nicht vor, Gesundheit und Engagement für das Gemeinwohl dagegen schon. Er stellt die Tugend über das Glück, weil man Ersteres beeinflussen kann, Letzteres dagegen wenig.

Der Mensch ist für Gracián kein Spielball des Schicksals und nicht ohnmächtig dem Wohlwollen Gottes unterworfen, sondern verantwortlich für sein Glück. Gracián geht noch einen Schritt weiter. Wer dumm oder ein Narr ist, der ist selbst schuld an seinem Unglück. Mit den Dummen meint er Menschen, die es nicht besser können, mit Narren jene, die wider besseres Wissen zu ihrem Nachteil handeln. Die einen können nicht sehen, die anderen wollen nicht sehen. Und von den Dummen und den Narren sollte man sich fernhalten, denn sie ziehen das Unglück an und man läuft daher Gefahr, schnell selbst etwas davon abzubekommen. In dieser Schärfe würde das heute niemand zu formulieren wagen, ohne nicht sofort wegen politischer Unkorrektheit gegeißelt zu werden. Die Aussage „Der ist selbst schuld an seinem Unglück" kommt heute gar nicht gut an. Aber die Frage, inwieweit die Glücksfähigkeit eines Menschen von seinen Anlagen, seinem Umfeld oder seinem freien Willen bestimmt wird, ist aktueller denn je. Für den Einzelnen geht es darum, ob er selbst oder die Umstände den glücklichen Ausgang einer Sache entscheiden.

These 1:
Man kann seinem Glück nachhelfen

Von 2004 bis 2007 habe ich die Waldzell Meetings im Benediktinerstift Melk veranstaltet. In diesen vier Jahren gelang es, sieben Nobelpreisträger und sogar den Dalai Lama als Referenten zu gewinnen. Ich werde heute noch oft gefragt, wie es möglich war, so viele große Persönlichkeiten zu überzeugen, zwei Tage lang ohne Honorar in einem Benediktinerstift in einem kleinen Kreis über die Sinnfrage des Lebens zu diskutieren. Die kurze Antwort ist: viel Arbeit und viel Glück.

Waldzell war eine der schwierigsten und glücklichsten Zeiten meines beruflichen Lebens. Ich begriff, dass Glücksgefühle viel mit Anstrengung zu tun haben. Die Jagd nach einigen der klügsten Köpfe unserer Zeit lehrte mich eine Menge über die Möglichkeiten und Grenzen, wie weit man sein Glück beeinflussen kann. Am besten lässt sich das mit der Geschichte erzählen, wie wir den brasilianischen Bestsellerautor Paulo Coelho als Schirmherrn für das Projekt gewannen.

Unbelastet von der Tatsache, dass Paulo Coelho pro Woche hundert Anfragen für Vorträge aus der ganzen Welt bekommt, schrieb ich ihm gemeinsam mit meiner Projektpartnerin einen Brief mit der Bitte, Patron von Waldzell zu werden. Niemand sonst wäre geeigneter dafür, bei einem Projekt, das sich der Sinnfrage der Menschheit widmen würde. Ich legte auch die Empfehlung einer befreundeten Journalistin bei, die ihn gut kannte. Nach zwei Wochen erhielten wir eine freundliche Absage. Ich musste offenbar meinem Glück nachhelfen.

Ich erinnerte mich an den Rat meines Freundes Peter Leopold, eines leider viel zu früh verstorbenen großen Musikjournalisten: Wenn Du eine wichtige Persönlichkeit, die Du nicht kennst, einladen willst, dann schicke einen persönlichen Boten. So bat ich den damaligen österreichischen Botschafter in Brasilien, Daniel Krumholz, Paulo Coelho unsere Einladung persönlich zu überreichen. Dieser entpuppte sich als ein wahrer Glücksgriff. Er erreichte Coelho telefonisch, der sich zufällig gerade in seinem Appartement in Rio de Janeiro aufhielt. Krumholz teilte ihm mit, dass er eine wichtige Einladung aus Österreich für ihn habe und gerne bereit sei, von der Botschaft in der Hauptstadt Brasilia extra in das österreichische Konsulat nach Rio zu kommen, um diese zu überreichen. Paulo Coelho ist, wie man aus seinen Büchern weiß, ein Mensch, der sich sehr von Zeichen leiten lässt. Er hat mir später erzählt, dass er während des Telefonats mit dem Botschafter zufällig auf die rot-weiß-rote Fahne geblickt hatte, die am Gebäude gegenüber von seiner Wohnung auf dem österreichischen Konsulat in Rio flatterte. Das gab den Ausschlag. Das Treffen von Paulo Coelho und dem Botschafter fand eine Woche später statt, er stellte einige Fragen und sagte zu. Einen Tag später erhielt ich meine erste persönliche E-Mail von Paulo Coelho, in der dieser seine Teilnahme am ersten Waldzell Meeting im Stift Melk bestätigte.

Ohne das „Handorakel" damals zu kennen, befolgte ich einen wichtigen Ratschlag für derartige Glücksmomente: *Im Glück aufs Unglück bedacht sein. Es ist eine gute Vorsorge, für den Winter im Sommer mit mehr Bequemlichkeit den Vorrat zu sammeln.*

Ich schrieb Paulo Coelho zurück, dass wir sehr dankbar für seine so positive Antwort seien, ihm unser Projekt aber trotzdem unbedingt persönlich vorstellen wollten. Er antwortete, dass er zwar immer zu seinen Zusagen stehe, aber weil es uns so wichtig sei, lade er uns gerne ein, mit ihm in Tarbes Abendessen zu gehen. Wir fanden Tarbes auf der Landkarte nahe beim Wallfahrtsort Lourdes in den französischen Pyrenäen und machten uns auf die Reise. Paulo Coelho erschien auf die Minute pünktlich und eröffnete das Abendessen mit den Worten, dass er Konferenzen für Zeitverschwendung hielte, besonders jene, die sich mit Weisheit beschäftigten. Der Abend dauerte bis lange nach Mitternacht und Paulo erwies sich als hoch gebildeter und kritischer Geist, der alles hinterfragte. Am nächsten Tag lud er uns ein, mit ihm in den Pyrenäen zu wandern, und lehrte uns die Kunst des Bogenschießens. Diese zwei Tage, in denen wir unsere persönliche Beziehung festigten, waren entscheidend dafür, dass wir die Missverständnisse und Krisen überwinden konnten, die ein Jahr später fast zu seiner Absage geführt hätten. Wir hatten die Brücke gebaut, bevor wir sie dringend brauchten.

Die Methode, potenziellen Referenten nicht Briefe, sondern persönliche Boten zu schicken, erwies sich übrigens nicht nur bei Paulo Coelho als die bei Weitem erfolgreichste. Womit an dieser Stelle ein kleines Geheimnis gelüftet sei, das für den Leser hoffentlich von Nutzen sein wird.

Meine Freundschaft mit Paulo Coelho dauert nun schon zehn Jahre. In dieser Zeit konnte ich viel von ihm lernen, als Autor, aber vor allem als Mensch. Umso mehr freut es mich, dass auch sein Leben durch unsere Freundschaft bereichert wurde. Er hat im Altabt des Stiftes Melk, Burkhard Ellegast, seinen spirituellen Meister gefunden, wie er selbst immer wieder betont. Die Geschichte dieser tiefen Beziehung zwischen zwei so unterschiedlichen Menschen können Sie im Buch „Der Weg des Raben" von Abt Burkhard Ellegast nachlesen. Paulo Coelho hat dafür das Vorwort geschrieben. Abt Burkhard hat übrigens davor das Buch „Elf Minuten" für eine Zeitschrift der Benediktiner rezensiert.

Ich habe diese Geschichte nicht erzählt, um *mit meinem Glück zu prahlen*, was ein schwerer Verstoß gegen das „Handorakel" wäre. Sie dient als Illustration der Kernaussage von Gracián über die Kunst, Glück zu haben:

denn für den Klugen ist nicht alles Zufall. Die Bemühung kann dem Glück nachhelfen. Einige begnügen sich damit, sich wohlgemut an das Tor der Glücksgöttin zu stellen und zu erwarten, dass sie öffne ... Jedoch richtig philosophiert, gibt es keinen anderen Weg als den der Tugend und Umsicht; indem jeder gerade so viel Glück und so viel Unglück hat als Klugheit oder Unklugheit.

These 2:
Es gibt Regeln für das Glück

Wir wissen heute dank der Wissenschaft sehr viel über das Glück.[1] Die empirischen Versuche der Glücksforschung bestätigen in verblüffender Weise jene Erkenntnisse, auf die Philosophen und Weise in Ost und West schon vor über zweitausend Jahren gestoßen sind. Nehmen wir Aristoteles als Beispiel, der sich sehr mit der Frage, was unser Leben glücklich macht, auseinandergesetzt hat.[2] Aristoteles war kein weltfremder Philosoph, sondern gestand dem Menschen durchaus das genussvolle Ausleben seiner Begierden zu, aber immer mit Maß und ohne sich davon abhängig zu machen. Er formulierte das Dilemma zwischen kurzfristig Glück zu haben und langfristig glücklich zu sein präzise:

Wie kann ich mich zwischen dem entscheiden, das mir kurzfristig Vergnügen bereitet, und dem, was im Augenblick wenig Freude macht, das ich aber langfristig brauche, um glücklich zu sein?

Ein gutes Beispiel dafür ist das Erlernen einer neuen Fähigkeit. Tennis, Reiten, Windsurfen und Golf, aber auch Mathematik, Physik sowie eine Fremdsprache erfordern anfangs einen großen Aufwand mit vielen Rückschlägen, bis man ein bestimmtes Niveau erreicht hat, an dem die Sache beginnt, Freude zu machen. Wer sich von kurzfristigen Vergnügungen wie Computerspielen, mit Freuden weggehen oder Fernsehen ablenken lässt, wird langfristig das Gefühl des Scheiterns an der ursprünglichen Herausforderung mitschleppen. Aus der Motivationsforschung wissen wir, dass Menschen im Beruf nicht unglücklicher werden, weil sie sich mehr anstrengen müssen, sondern wenn sie keinen Sinn hinter ihren Mühen sehen. Einen hohen Berg zu erklimmen macht uns sogar glücklicher, als wenn wir uns nur an niedrige wagen. Die Voraussetzungen, um durch zusätzliche Anstrengungen mehr Freude zu empfinden, bestehen darin, dass wir gut auf die Aufgabe vorbereitet wurden, dass wir autonom entscheiden können, wie wir sie bewältigen und wir den Sinn für uns erkennen.

Aristoteles war zutiefst davon überzeugt, dass Selbstdisziplin und menschliche Tugend keinen Verzicht bedeuteten, sondern im Gegenteil die Voraussetzungen für ein erfülltes Leben wären. Da trifft er sich mit Gracián, der es pathetisch ausdrückt:

> Nichts ist liebenswürdig als nur die Tugend und nichts verabscheuungswert als nur das Laster. Die Fähigkeit und die Größe soll man nach der Tugend messen und nicht nach Umständen des Glücks. Sie allein ist sich selbst genug: sie macht den Menschen im Leben liebenswürdig und im Tod denkwürdig.

Für Aristoteles und Gracián vereinen sich Fähigkeiten wie Disziplin, Selbstbeherrschung, Maßhalten können und Eigenschaften wie Vernunft und Bildung unter dem Begriff Tugend. Ein Wort, das für viele heute veraltet klingt. Definieren wir daher den Begriff Tugend mit den Worten der Glücksforschung zeitgemäß:

- Ein neugieriger, wacher Geist, der sich selbst und seine Umwelt ständig beobachtet und sich immer neue ambitionierte Ziele setzt.
- Um diese zu erreichen, erfordert es Disziplin im Denken und Konzentration im Handeln.
- Es macht Sinn, sich für das Gemeinwohl zu engagieren, sei es in seinem unmittelbaren Umfeld oder für den Staat. Für

Aristoteles ist Politik die höchste Berufung, Gracián stellt den Anspruch, dass die höchsten Ämter den Fähigsten vorbehalten sein sollten.

These 3:
Glück ist nicht die Erfüllung unserer Wünsche

Wofür würden Sie sich eher entscheiden: Sie bekommen alle Ihre Wünsche erfüllt oder Sie erhalten hohe Entscheidungsfreiheit in Ihrem Leben?

Das „Endlich-Prinzessin-Syndrom", das dank Traumheirat und geglückter Mutterschaft von Herzogin Catherine in den Köpfen vieler Frauen auf der ganzen Welt herumspukt, lässt vermuten, dass ein Leben mit täglicher Kleiderauswahl, einem Schuhkasten so groß wie ein Empire und einem Prinzen an der Seite, der alle wesentlichen Entscheidungen trifft, noch immer für viele das Nonplusultra an Glücksgefühlen ist. Dass Prinzessinnenträume mit hoher Wahrscheinlichkeit an den unerfüllbaren Anforderungen zerbrechen, wie die Schicksale von Kaiserin Elisabeth bis Lady Di beweisen, wird völlig ausgeblendet. Für die meisten Menschen wäre daher im Zweifelsfall die Selbstbestimmung über ihr Leben die bessere Entscheidung. Fremdbestimmung und Abhängigkeit gehören zu den negativsten Gefühlen, denen man Menschen aussetzen kann. Das gilt natürlich nicht nur für Prinzessinnen, sondern auch für die weit zahlreicheren weltlichen Spielarten wie „reicher reifer Mann erhält junge schöne Frau".

Oder ganz profan: Könnten Sie sich den Traum vom Haus im Grünen nur mit hohen Schulden erkaufen, wäre es wenig ratsam, diesen zu verwirklichen. Bleiben Sie lieber in der Mietwohnung und genießen Sie Ihre Freiheit. Und könnten Sie die vermeintlich große Liebe nur um den Preis der völligen Aufgabe der eigenen Sehnsüchte gewinnen, sollten Sie sich lieber einen Leitsatz von Gracián zu Herzen nehmen:

> Wenn man in das Haus des Glücks durch die Pforte des Jubels eintritt, so wird man durch die des Wehklagens wieder heraustreten und umgekehrt ... Es ist das gewöhnliche Los der Unglückskinder, einen gar fröhlichen Anfang, aber ein sehr tragisches Ende zu erleben.

Glück im Leben ist nicht das Sammeln von Gutpunkten, die man auf einer Sammelkarte aufklebt, um am Ende den Jackpot zu gewinnen oder wie bei der Klassenlotterie zumindest in die nächste Runde aufzusteigen. Dieser uns eingepflanzte „Wenn-dann-Mechanismus" ist der untaugliche Versuch, die Komplexität des Lebens zu banalisieren.

These 4:
Glück liegt im Intensiven, nicht im Extensiven

Was würde Ihnen mehr Freude machen: Ihre zehn Lieblingsfilme alle an einem Wochenende anzusehen oder einen davon mit dem Regisseur stundenlang diskutieren zu können?
Quantität des Erlebens oder Tiefe der Erfahrung? Einmal die Mitternachtssonne zu erleben wird ein faszinierendes Erlebnis sein, ein ganzer Sommer ohne die Dunkelheit der Nacht wird erst langweilig und irgendwann anstrengend. Jeden Monat ein besonderes Restaurant zu entdecken wird eine spannende Erfahrung sein, auf die man sich immer aufs Neue freut. Jeden Tag im Hauben-Restaurant zu speisen wird zur eintönigen Routine.

Wer dem Drang, alles was Vergnügen bereitet, zu maximieren, keine Grenzen setzt, wird wie ein Drogensüchtiger ein immer größeres Quantum brauchen, um seine künstliche Hochstimmung halten zu können. Damit entzieht er sich selbst dem Glück, weil er nichts, was er hat oder tut, verinnerlichen kann. Selbst wenn ihn eine Tätigkeit kurzfristig mit Glücksgefühlen überschwemmt, kann er sich nur kurz darauf konzentrieren, weil er fürchtet, etwas anderes zu verpassen. Er muss alles zumindest ausprobiert haben. Seine Augen sind größer als sein Magen.

Das Schlimme am Exzess ist, dass er Menschen immer anspruchsloser bezüglich der Qualität ihrer Erfahrungen macht. Sie können irgendwann zu nichts, was Lust verspricht, Nein sagen und stopfen wahllos alles in sich hinein. Das Lustprinzip wird zu ihrem Leitprinzip. Das funktioniert leider immer nur kurzfristig, langfristig verhindern sie damit jedes tiefe Glücksempfinden. Selbst wenn sie große Begabungen besitzen, zerstäuben diese wie ein Tropfen auf einer heißen Platte. Ziellose Hyperaktivität endet irgendwann in der Oberflächlichkeit und Trivialität.

Ich kenne eine Freundin, die sieben Sprachen spricht, aber keine richtig, sie spielt vier Instrumente, beherrscht aber keines wirklich, sie malt, fotografiert, schreibt, singt und vieles mehr. Ständig entwirft sie große Pläne für Projekte, es reicht ihr aber, sich daran zu berauschen, zur Ausführung kommen sie fast nie. Sie ist eine liebenswerte Dilettantin, die ständig zwischen Euphorie und Depression hin- und hergerissen wird. In Phasen der kritischen Reflexion weiß sie genau, wo ihr Problem liegt. Wann immer totale Konzentration und große Anstrengung erforderlich sind, um das Anfängerniveau auf einem bestimmten Gebiet zu überwinden, wendet sie sich lieber etwas Neuem, scheinbar viel Reizvollerem zu. Sie ist eine Alleskönnerin und eine Nichtskönnerin – und leidet selbst am meisten darunter.

Sie hätte alle Anlagen und Talente, versperrt sich aber selbst den Weg zu tiefen Glücksgefühlen. Das Glück, das sie so verzweifelt sucht, entzieht sich ihr nicht deshalb, weil höhere Mächte sich gegen sie verschworen haben, sondern weil sie sich auf die vielen Gelegenheiten, tiefe Erfahrungen zu erleben, nie einlässt, sondern diese absolviert und abhakt. Ihr und vielen anderen sei eine der zeitlos gültigen Weisheiten des „Handorakels" gewidmet.

Das Intensive höher als das Extensive schätzen

> Die Vollkommenheit besteht nicht in der Quantität, sondern in der Qualität. Alles Vortreffliche ist stets wenig und selten: die Menge und Masse einer Sache macht sie geringgeschätzt. Sogar unter den Menschen sind die Riesen meistens die eigentlichen Zwerge. Einige schätzen die Bücher nach ihrer Dicke; als ob sie geschrieben wären, die Arme, nicht die Köpfe daran zu üben. Das Extensive allein führt nie über die Mittelmäßigkeit hinaus, und es ist das Leiden der universellen Köpfe, dass sie, um in allem zu Hause zu sein, es nirgends sind. Hingegen ist es das Intensive, woraus die Vortrefflichkeit entspringt, und zwar eine heroische, wenn in erhabener Gattung.

Wenn man diese Worte Graciáns liest, sollte man nie vergessen, dass er selbst eine der intensivsten Erfahrungen, die ein Mensch machen kann, erlebt hat: die „Exerzitien" der Jesuiten. Zweimal in seinem Leben macht jedes Mitglied des Ordens die Exerzitien, am Beginn quasi als Initiationserlebnis und am Ende der Ausbildungszeit nach zwölf bis vierzehn Jahren. Diese „geistlichen Übungen" dauern dreißig Tage und finden in völliger Abgeschiedenheit statt. Der Übende verbringt mit Ausnahme der Gespräche mit dem Leiter die Tage in Schweigen und in langen Meditationen. Kein Lärm, kein helles Licht und Einsamkeit sollen dazu beitragen, tiefere Schichten des Bewusstseins und neue Energiequellen zu erschließen. Der Körper darf weder durch zu viel Essen noch durch Alkohol beeinträchtigt, aber auch nicht durch Fasten geschwächt werden. Die Exerzitien wurden von Ignatius von Loyola auf Basis seiner eigenen Lebenserfahrung verfasst und erschienen in ihrer bis heute gültigen Form im Jahr 1541. Sie sind in einer sparsamen Sprache mit wenig bildhaften Beschreibungen gehalten. Ignatius wollte keine vorgefertigten Anleitungen liefern, sondern die Vorstellungskraft des Suchenden anregen. Sehr wohl gibt es immer wieder die Instruktion, alle Sinnesorgane einzusetzen, um dem Göttlichen näherzukommen. Die Texte sind problemlos erhältlich, also keineswegs eine Geheimlehre. Der Außenstehende wird wie bei allen Initiationslehren damit allerdings nur wenig anfangen. Die Exerzitien sind eine Arbeitsmethodik und kein Geheimnis, das man in Worte fassen könnte.

Es gibt aber genug andere Möglichkeiten, immer wieder das Intensive erleben zu können. Wenn Sie das nächste Mal ein Museum besuchen, widerstehen Sie der Versuchung, möglichst viele Bilder zu sehen, sondern wählen Sie ein Bild aus und widmen Sie ihm eine volle Stunde Aufmerksamkeit. Wie bei den Exerzitien ist fachkundige Anleitung dabei durchaus hilfreich. Ich habe mit dem Maler und Akademieprofessor Herwig Zens einige Jahre einen Workshop „Manager malen" veranstaltet, in dem er die gesamte Malgeschichte am Beispiel des Gemäldes „Las Meninas" („Die Hoffräulein") des spanischen Malers Diego Velázquez erklärt hat. Sein Vortrag dauerte neunzig Minuten, in denen man eine Stecknadel fallen gehört hätte. Im Museum Prado in Madrid widmet ein Fremdenführer dem Bild durchschnittlich fünf Minuten, weil die Touristen sich sonst beschweren würden, dass sie andere Top-Sehenswürdigkeiten „versäumen". Sie wissen gar nicht, was ihnen entgeht.

Fazit

Glück und Unglück kommen und gehen, wie sie wollen. Wir haben keinen Einfluss auf äußere Umstände wie einen Lottogewinn oder einen Unfall, aber sehr wohl darauf, wie wir damit umgehen. Studien zeigen, dass Menschen, die vor einem Lottogewinn unglücklich in ihrem Leben waren, durch diesen zwar kurzfristig ein Hoch erleben, aber innerhalb kurzer Zeit wieder auf das ursprüngliche Niveau zurückfallen. Umgekehrt bedeutet ein schwerer Unfall, der einen glücklichen Menschen ein Bein kostet, zwar einen dramatischen Einschnitt in dessen Leben, ändert aber langfristig nichts an seiner hohen Grundzufriedenheit. Es sind unsere Bewertungen, ob sich in unserem Gehirn Synapsen dort bilden, wo wir die guten Erfahrungen speichern, oder wo wir die schlechten Gefühle immer wieder ablagern. Wir sind nicht Herr über Zufall und Schicksal, aber über unsere Entscheidungen. Die Wahrscheinlichkeit „Glück zu haben" und „Glücklich zu sein" steigt, wenn wir uns darum bemühen.

Die Kunst, Glück zu haben ist eine wichtige Disziplin, um dem näherzukommen, was für mich hinter dem Begriff „Weltklugheit" steckt: Meisterschaft im Leben. Diese kann man lernen. Das Studiengebiet sind wir selbst. Es gibt drei Studienabschnitte:

I. Sich selbst erkennen.
II. Sich selbst beherrschen.
III. Sich selbst veredeln.

Immer wenn wir auf der dritten Stufe angekommen sind, werden wir erkennen, dass wir auf die erste zurückkehren müssen. Je besser wir verstehen, womit wir uns abfinden müssen und was wir ändern können, desto erfolgreicher werden wir mit unseren Anstrengungen sein.

1 Viele der Studien und Erkenntnisse in diesem Kapitel können Sie ausführlich im umfassenden Buch „Die Glücksformel oder Wie die guten Gefühle entstehen" von Stefan Klein, Reinbek 2002, nachlesen. Eine zweite wichtige Quelle sind meine zahlreichen Interviews mit dem Glücksforscher und Entdecker des *flow*-Prinzips Mihály Csíkszentmihályi.

2 Als wesentliche Quelle für die Einführung in das Denken von Aristoteles hat mir James O'Tooles Buch „Creating The Good Life. Applying Aristotle's Wisdom to Find Meaning and Happiness", erschienen 2005 im Rodale-Verlag, gedient.

III.
Meisterschaft im Leben

Womit muss ich mich abfinden? Was kann ich verändern?

Das Buch „Handorakel und Kunst der Weltklugheit" bietet viel Wissen an, lässt uns aber mit der Umsetzung allein. Ich glaube, das liegt daran, dass für Gracián die Methode völlig klar war. Als Jesuit war er sein Leben lang täglich dazu angehalten, an seiner Vervollkommnung zu arbeiten. Ein Jesuit widmet sich

- zweimal täglich 15 Minuten der kritischen Selbstreflexion,
- stellt sich regelmäßig der Beurteilung durch seine Vorgesetzten,
- macht zweimal im Leben die 30-tägigen Exerzitien.

Bei aller Strenge hat schon Ignatius durchgesetzt, dass Jesuiten von den üblichen Lebensformen der Mönche befreit waren. Sie sollten „in der Welt sein, doch nicht von der Welt" sein. Ignatius wollte streitbare Heilige und nicht bloße Büßer und Beter hervorbringen.

An dieser Stelle werden Sie sich vielleicht fragen, wie ein moderner Mensch, der mit all seinen Verpflichtungen voll „in die Welt" eingebunden ist, den Weg der Selbsterkenntnis gehen kann, ohne an der Oberfläche zu bleiben. Vielen Menschen fehlt es nicht nur an einer wirksamen Methode, sondern sie haben das Gefühl, schlicht keine Zeit für die regelmäßige Auseinandersetzung mit sich selbst zu haben.

Dieses Buch soll kein Arbeitsbuch sein, trotzdem möchte ich in diesem dritten Teil Hinweise geben, wie Sie die Weisheiten des „Handorakels" für sich ganz persönlich nutzen können. Dazu werden wir uns einiger erprobter Praktiken der Jesuiten, der Erfahrungen der Lehrer im Sufismus[1] sowie der Erkenntnisse der Wissenschaft bedienen. In diesem Kapitel wollen wir zwei Fragen behandeln:
1. Was können wir an unserer Persönlichkeit bewusst verändern und womit müssen wir uns abfinden?
2. Welche Mechanismen stehen uns nach dem heutigen Stand der Wissenschaft zur Verfügung, um unsere Persönlichkeit zu entwickeln?

1. Kann der Mensch seine Persönlichkeit bewusst verändern?

Eines der ersten dicken Bücher, das ich in meinem Leben gelesen habe, waren die „Sagen des klassischen Altertums". In meiner Fantasie sah ich die großen Schlachten des Trojanischen Krieges. Immer wieder stellte ich mir den Zweikampf zwischen Hektor und Achilles vor und hoffte, dass ihn mein Lieblingsheld Hektor und nicht Achilles gewinnen würde. Schon damals hatte ich eine Sympathie für tragische Verlierer. Auch alle anderen Hauptfiguren hatten ganz eindeutige Charaktere. König Priamos war weise, Helena eine schöne Frau, Paris war ein schöner, ein bisschen feiger Mann, Agamemnon stur und herrschsüchtig. Mit dem schlauen Odysseus konnte ich dagegen weit weniger anfangen. Offensichtlich war er für mich zu kompliziert gestrickt. Als Kind konnte ich nicht wissen, dass Persönlichkeit in der griechischen Mythologie ursprünglich eine Konstante war und sich diese daher auch im Laufe einer Geschichte nie weiterentwickelte. Mit Odysseus schuf Homer den ersten „Intelligenz-Helden", der nicht durch Geburt als Halbgott wie Achilles oder als Prinz wie Hektor, sondern durch seinen wachen Geist die ihm gestellten Herausforderungen bewältigte. Odysseus hatte eine komplexe Persönlichkeit, er war klug und mutig, beherrscht und zornig. Damit markiert die Figur des Odysseus den Übergang des von der Gunst der Götter abhängigen archaischen Menschen zum modernen, sich als autonom handelnd begreifenden Individuum.

Dieser kleine historische Exkurs erscheint mir notwendig, um die Wurzeln besser verstehen zu können, auf denen der hoch gebildete Gracián seine Position von der möglichen Veränderbarkeit des Menschen aufbaute. Unter dem auf den ersten Blick seltsamen Titel „Weltklugheit" versteht Gracián die Fähigkeit des Menschen, aus eigener Kraft intelligenter, reifer, beherrschter und sozial kompetenter zu werden. Als oberstes Ziel postuliert er den Begriff „Tugend", der diese Fähigkeiten und Eigenschaften umfasst. Für ihn ist es eine „Kunst", dieses hohe Ziel zu erreichen. Menschen können diese Kunst durch Nachdenken, Reflektieren und konsequente Arbeit an sich selbst erlernen. Niemand ist von vornherein davon ausgeschlossen. Gracián wählt ein Symbol, um uns auf die Methode hinzuweisen. Unter „Handorakel" versteht er einen Handspiegel, in dem wir uns kritisch selbst betrachten sollen.

Als Kinder müssen wir uns noch nicht den Kopf darüber zerbrechen, wie wir unsere Persönlichkeit in die gewünschte Richtung verändern können. Wir schlüpfen mittels Fantasie in die gewünschte Rolle. Mit zehn Jahren wäre ich gerne Zorro geworden. Während des Tages einen Edelmann zu spielen und nachts tollkühn alle Abenteuer zu bestehen, erschien mir eine lohnenswerte Berufskarriere. Außerdem sah Tyrone Power als Zorro in den Schwarz-Weiß-Verfilmungen sensationell aus. Als mich meine Eltern das erste Mal auf ein Pferd setzten, erschrak ich, wie hoch dieses war, und noch mehr verunsicherte mich dessen Unruhe. Die Karriere als Zorro überließ ich daher dann lieber Antonio Banderas. In der Pubertät machte mir ganz ein anderes Problem zu schaffen. In meiner Fantasie war ich der romantische Liebhaber, der Zulauf an geeigneten Kandidatinnen hielt sich aber wegen meiner starken Akne und geringen Coolness in engen Grenzen. Die intensive Lektüre von Motivationsbüchern wie „Alles ist erreichbar" verfestigte eher meine Illusionen, als mich meinen Wunschträumen näherzubringen. Als junger Mann sollte man möglichst bald herausfinden, ob man beim anderen Geschlecht als stürmischer Eroberer oder als geduldiger Belagerer erfolgreicher ist. Die Wahl des richtigen Rollenfachs erspart allen Beteiligten eine Menge Peinlichkeiten. Ich wählte mir daher ein näherliegendes Vorbild.

Woddy Allen hätte als Spartacus oder Ben Hur wohl auch keine gute Figur gemacht und seine Filme waren selten Blockbuster. Aber fast alle Hollywoodstars empfinden es als große Ehre, in einem seiner Filme zum Bruchteil ihrer üblichen Gage zu spielen. Das Gute im Leben ist, dass man lernen kann, sich mit seinen Begrenzungen abzufinden und trotzdem ein erfülltes Leben zu führen. Oprah Winfrey entspricht nicht gerade dem weiblichen Schönheitsideal, ist aber eine der reichsten und mächtigsten Frauen der USA. Sie ist stark genug, um ihren Kampf gegen das Gewicht öffentlich auszutragen.

„Mit 20 hat jeder das Gesicht, das Gott ihm gegeben hat, mit 40 das Gesicht, das ihm das Leben gegeben hat, und mit 60 das Gesicht, das er verdient", hat Albert Schweitzer festgestellt. Selbst die Zuflucht zu kleineren oder größeren Eingriffen erweist sich meist als Illusion. Zeigt man Unbeteiligten die Fotos von schönheitsoperierten Menschen vor und nach dem Eingriff, erkennen diese zwar einen Unterschied, beurteilen ihn aber keineswegs immer als vorteilhaft. Mit unserer äußeren

Schönheit müssen wir uns irgendwann abfinden. Für die Schönheit unserer Seele können wir unendlich viel tun.

Vieles, was mit der Psyche zu tun hat, können wir ändern. Es ist uns möglich, Verletzungen aufzuarbeiten und uns mit uns selbst und anderen zu versöhnen. Wir können zwar unseren Körper nicht grundlegend ändern, sehr wohl aber unsere Einstellung dazu. Die schönen Beine auf den Plakaten der Strümpfe-Werbung kommen statistisch leider ebenso selten vor wie die Sixpack-Bauchmuskulatur der männlichen Models der Bacardi-Fernsehspots. Viele Menschen brauchen eine Skala. Sie vergleichen sich immer mit jenen, von denen sie meinen, dass sie mehr bekommen haben – mehr Intelligenz, besseres Aussehen, mehr Chancen, mehr Glück. Je größer die empfundene Differenz zwischen diesen imaginären Vergleichsobjekten und der Realität ist, desto unzufriedener wird man mit dem Ergebnis der eigenen Anstrengungen sein. Menschen, die ihre Fähigkeit zur Selbstreflexion weit entwickelt haben, werden sich leichter tun, ihre eigene Werteskala einzurichten, an der sie sich messen.

Die Unterscheidung zwischen dem, womit ich mich abfinden muss, und dem, was ich verändern kann, habe ich von Pater Gernot Wisser, dem Provinzial der Jesuiten in Österreich, gelernt. Grundgelegt sind für ihn vor allem unsere Charaktereigenschaften wie Großzügigkeit oder Geiz, Extrovertiertheit oder Introvertiertheit. Auch bestimmte Typen lassen sich schwer verändern. Es gibt die Kämpfer und die Schachspieler. Aus einem Schachspieler wird kein Kämpfer und umgekehrt. Es ist aber sehr wohl möglich zu lernen, wann man mit kühler Strategie und wann man mit harter Entschlossenheit agieren muss. Aus einem Choleriker kann man zwar keinen in sich ruhenden Typen machen, ihm aber dabei helfen, seine Emotionen abzuschwächen und besser zu kontrollieren. Dazu kann es hilfreich sein, Erlebnisse wachzurufen, die zu Erkenntnissen und in der Folge zu neuen Einstellungen führen. Verändern will man sich ja vor allem dann, wenn man einen Leidensdruck spürt. Der Choleriker wird erst dann ernsthaft an sich zu arbeiten beginnen, nachdem er zum Beispiel seinen Job verloren hat, weil er den Falschen niedergeschrien oder mit seinen Ausbrüchen die Partnerin endgültig vertrieben hat.

Aus seiner Erfahrung als Exerzitien-Begleiter ist für Pater Wisser der Mangel an Selbstliebe oft das größte Hindernis für Menschen, um sich verändern zu können. Wer sich selbst nicht annimmt, kann sich auch schwer verändern. Daher versuchen die Jesuiten, das Sich-selbst-annehmen-Können zu entwickeln und dann mit der Veränderungsarbeit zu beginnen.

Um Ihre eigene „Weltklugheit" zu erhöhen, ist es nicht so entscheidend, wie viele kluge Sätze Sie in diesem Buch für sich entdecken, sondern was diese bei Ihnen auslösen. So könnten Sie alle Weisheiten in diesem Buch in vier Kategorien einteilen:

1. Betrifft mich in hohem Ausmaß und möchte ich auch verändern.
2. Ist mir schon sehr bewusst, möchte ich aber noch mehr beherzigen.
3. Ist klug und richtig, hat für mich im Augenblick aber keine Relevanz.
4. Damit kann ich nichts anfangen.

Die wichtigste Kategorie ist natürlich die erste, wo wir erkennen, dass wir immer wieder wider besseres Wissen zu unserem eigenen Nachteil handeln. Das würden wir natürlich gerne ändern, die Frage ist nur: Sind wir dazu auch fähig? Wäre es so einfach, so hätten wir das ja schon getan. Und versucht haben wir es oft genug.

2. Welche Mechanismen stehen dem Menschen prinzipiell zur Verfügung, um seine Persönlichkeit zu entwickeln?

Wer eine Vorstellung davon gewinnen will, wie schnell und radikal der Mensch sich verändern kann, der möge an die Wirksamkeit einer tödlichen Bedrohung denken. Wenn das Lungenkarzinom erkennbar ist, wird die dringliche Empfehlung des Arztes, mit dem Rauchen aufzuhören, bei einigermaßen vernunftbegabten Wesen auf einmal Wirkung zeigen. Der erste Infarkt, der wie ein Vorschlaghammer aufs Herz schlägt, zwingt Menschen radikale Verhaltensänderungen auf, die sie mit einer ihnen bis dahin unvorstellbaren Konsequenz durchhalten. Die Lehre daraus ist: Falls wir es wirklich wollen, können wir uns verändern – hoffentlich auch ohne Todesdrohung.

Es gibt drei Ansätze, wie durch eigenes Handeln Einfluss auf unsere Persönlichkeitsentwicklung genommen werden kann:

1. Der Verstand: Wir können Bücher lesen, uns mit klugen Menschen unterhalten und Vorträge besuchen. Kurz gefasst: Lesen Sie viel und die richtigen Dinge, denken Sie viel nach und beschäftigen Sie sich laufend mit den neuesten Erkenntnissen der Wissenschaften.
2. Die Spiritualität: Darunter versteht man alles, was eben nicht mit dem Verstand erfasst werden kann und uns hilft, in andere Bewusstseinszustände zu kommen. Dazu gehören Rituale, Mystik, Meditation, tiefe Sinneserfahrungen in der Kunst, der Natur oder mit dem Körper.
3. Der soziale Mechanismus: Wir können durch die Wechselwirkung von Mensch zu Mensch oder innerhalb von größeren Gruppen reifen.

Außerdem lassen sich zwei Richtungen der Persönlichkeitsentwicklung unterscheiden. Die Persönlichkeitsentwicklung kann sich

» nach außen richten, sich also auf Handlungen in der Welt beziehen,
» oder nach innen richten, ins eigene innere Erleben, Denken, Glauben und Suchen.

Die rationalen und spirituellen Möglichkeiten kann der Einzelne bis zu einem bestimmten Grad selbst steuern. Wir können entscheiden, welche Bücher wir lesen oder welchen spirituellen Erfahrungen wir uns aussetzen.

Die Wechselwirkungen zwischen einem einzelnen Menschen und der ihn umgebenden Gruppe sind dagegen vielfach erforscht, aber sehr komplex. Es ist zwar möglich, sich sein bevorzugtes Umfeld auszusuchen, aber dessen Einfluss auf die eigene Entwicklung lässt sich nicht exakt planen. Unbestritten ist, dass die Freunde, mit denen ich mich abgebe, und die Organisationen, in denen ich Zeit verbringe, einen starken positiven oder negativen Einfluss auf meine innere Entwicklung nehmen. Einfach gesagt: Der ständige Umgang mit oberflächlichen Menschen macht auch den Klugen dümmer. Umgekehrt treffen sich intelligente neugierige Menschen gerne mit Gleichgesinnten. Es war sicher kein Zufall, dass die späteren Google-Gründer Larry Page und Sergey Brin gerade bei einer Orientierungsveranstaltung an der Stanford-Universität einander das erste Mal begegnet sind.

Abgesehen von Universitäten haben sich im Laufe der Geschichte Organisationen gebildet, die versuchen, die enorme Wirksamkeit der sozialen Dimension für die Weiterentwicklung des einzelnen Menschen zu nutzen. Einige Beispiele: Geheimgesellschaften wie die Rosenkreuzer, Sufis oder Freimaurer, Wohltätigkeitsorganisationen wie Rotary oder Lions, Selbsthilfegruppen wie die Anonymen Alkoholiker aber auch Freundeskreise, die sich regelmäßig treffen, um über Literatur oder die Bibel zu diskutieren. Besonders erfahren in der Verknüpfung der drei Ebenen Ratio, Spiritualität und Gruppeneinfluss sind traditionell die religiösen Orden. In den Kapiteln „Sich selbst erkennen" und „Sich selbst beherrschen" werden wir uns damit befassen, was wir von den Methoden der Jesuiten für unsere eigene Persönlichkeitsentwicklung lernen können.

Reflexion beginnt immer damit, sich Fragen zu stellen:
Was tue ich?
Warum tue ich es?
Will ich es wirklich?
Wer die daran anschließende Frage „Was könnte ich tun?" zu lange aufschiebt, wird irgendwann das Wort „noch" einfügen müssen: „Was kann ich noch tun?"

---

1 Sufismus wird als Sammelbezeichnung für Strömungen im Islam verwendet, die eine spirituelle und mystische Ausrichtung haben. Einen Anhänger des Sufismus nennt man Sufi oder auch Derwisch. Für die Ausarbeitung ihrer praktischen und theoretischen Lehren beziehen sich Klassiker des Sufismus auf einen „inneren Sinn" des Korans. Der Sufismus kommt zwar ursprünglich aus der islamischen Welt, sein Einfluss auf Philosophie, Musik und Literatur geht aber weit darüber hinaus. Viele Werke der westlichen Literatur zeigen einen Einfluss von Sufi-Geschichten. So bestätigte Cervantes selbst, dass sein „Don Quijote" sufistische Wurzeln hat. Eine zeitgemäße Einführung in den Sufismus bietet das Buch „Ich ging den Weg des Derwisch" von Reshad Feild.

Sich selbst erkennen

„Erkenne dich selbst" lautete die Inschrift am Eingang des Tempels von Delphi. Im Angesicht der Götter sollte sich der Mensch der Grenzen des für ihn Erreichbaren bewusst und vor der Überschätzung seiner Möglichkeiten gewarnt werden. Er wurde aufgefordert, sich von seinen täglichen individuellen Problemen zu lösen und sich mit seiner inneren Persönlichkeit auseinanderzusetzen. Durch eine bessere Kenntnis der „Innenwelt" würde er auch bessere Lösungen für seine Probleme in der „Außenwelt" finden. Fast dreitausend Jahre später schrieb C. G. Jung: „Deine Vision wird nur dann klarer werden, wenn du in dein eigenes Herz schaust. Wer nach außen schaut, träumt; wer nach innen schaut, erwacht."

Wir Menschen im dritten Millennium sind den alten Griechen in einigen Dingen sehr ähnlich, in vielem aber grundlegend verschieden. Um uns in der heutigen Zeit selbst erkennen zu können, müssen wir unsere Lebenskonzepte im Lichte der Weisheiten der vorhergegangenen Jahrhunderte neu überdenken. Wir werden uns auf drei Themen konzentrieren, die Anregungen für die praktische Umsetzung der Selbsterkenntnis anbieten sollen:

1. Die Lehre vom Hauptfehler
2. Das Examen der Jesuiten als Modell
3. Möglichkeiten, wie wir regelmäßige Selbstreflexion in unseren Alltag einbinden können

1. Die Lehre vom Hauptfehler

Auf Sebastian, einen Bekannten von mir, würde ein Zitat von Max Frisch zutreffen: „Jedermann erfindet sich früher oder später eine Geschichte, die er für sein Leben hält." Sebastian lebt in der Illusion, dass sich sein geringes Selbstwertgefühl durch berufliche Erfolge steigern lässt. Er sammelt seit vielen Jahren die Ideen von beeindruckenden Menschen, packt diese zusammen und verkauft sie als seine eigenen. Fühlt er sich deshalb stärker? Keineswegs, es gelingt ihm zwar, immer wieder kurzfristige Anerkennung für seine Leistungen zu finden, dann glaubt er, seinem Ziel nähergekommen zu sein. Sebastian versteht es aber nicht, andere in seine Arbeit einzubeziehen, sodass sie sich anerkannt und nicht ausgenützt fühlen. Das führt immer wieder zu schmerzhaften Rückschlägen, weil Sebastian ab einem bestimmten Punkt auf so viel Ablehnung stößt, dass er nie den Erfolg erreicht, nach dem er sich so sehnt. Seine Selbsttäuschung beherrscht ihn so, dass er meint, hart an seiner Veränderung zu arbeiten, in Wahrheit tut er etwas völlig Entgegengesetztes. Er sucht nicht nach Selbsterkenntnis, sondern „optimiert" seinen Hauptfehler. Letztlich fühlt er sich allein und ausgeschlossen. Sein Thema wäre zuerst die Liebe zu sich selbst zu entwickeln, statt diese verzweifelt durch Anerkennung von außen zu kompensieren. Ein lebenserfahrener Freund, ein Coach oder ein Therapeut könnte Sebastian dabei helfen, sein Persönlichkeitsmuster zu verstehen. Er selbst ist dazu allein nicht in der Lage, weil er eben den für ihn entscheidenden Teil der Realität ausblendet. Er will sich zwar erkennen, kann es aber nicht.

Philosophie und Psychologie haben uns heute gelehrt, dass wir uns nicht völlig von außen betrachten können. Unser Selbst verändert sich natürlich schon dadurch, indem wir uns damit auseinandersetzen. Der Satz „Erkenne dich selbst" ist nicht als ein erreichbares Erfolgserlebnis zu verstehen, sondern als Aufforderung zur Ehrlichkeit, zur Selbstkritik und zur Bereitschaft, Kritik von anderen anzunehmen. Auch für Gracián ist umfassende Selbsterkenntnis der Schlüssel zu einem guten Leben.

> *Kenntnis seiner selbst, an Sinnesart, an Geist, an Urteil, an Neigungen. Keiner kann Herr über sich sein, wenn er sich nicht zuvor begriffen hat. Spiegel gibt es für das Antlitz, aber keine für die Seele; daher sei ein solcher das verständige Nachdenken über sich: allenfalls vergesse man sein äußeres Bild, aber erhalte sich das innere gegenwärtig, um es zu verbessern, zu vervollkommnen ...*

Konzentrieren wir uns beim Thema „Sich selbst erkennen" auf eine einzige der 300 Weisheiten:

Seinen Hauptfehler kennen

Keiner lebt, der nicht das Gegengewicht seines glänzendesten Vorzugs in sich trüge: wird nun dasselbe noch von der Neigung begünstigt, so erlangt es eine tyrannische Gewalt. Man eröffne den Krieg dagegen ... und der erste Schritt sei, seinen Hauptfehler sich offenbar zu machen: denn einmal erkannt, wird er bald besiegt sein, vorzüglich wenn der damit Behaftete ihn ebenso deutlich auffasst wie die Beobachter. Um Herr über sich zu sein, muss man sich gründlich kennen. Hat man erst jenen Anführer seiner Unvollkommenheiten zur Unterwerfung gebracht, werden alle übrigen nachfolgen.

Es gibt seit Längerem eine Strömung in der Psychologie, die behauptet, man solle seine Schwächen vergessen und sich nur auf seine Stärken konzentrieren. Dem widerspricht der Harvard-Professor Howard Gardner in seinem Buch „Kreative Intelligenz", in dem er zu dem Schluss kommt, dass außergewöhnliche Menschen besonders befähigt sind, ihre eigenen Stärken und Schwächen zu erkennen.

Sind Sie imstande, Ihren Hauptfehler zu erkennen? Falls Sie dieses Thema interessiert, könnten Sie sich jetzt auf ein Experiment einlassen. Es hat zum Ziel, Ihren Hauptfehler zu identifizieren und dann zumindest abzumildern.

Erstens, fragen Sie sich selbst: „Was könnte mein Hauptfehler sein?" Fällt Ihnen sofort eine Antwort ein oder kommt Ihnen gar nichts in den Sinn? In beiden Fällen werden Ihnen in diesem Kapitel einige Methoden angeboten, mit denen Sie diese Frage in Ihren Alltag integrieren können.

Zweitens, fragen Sie einen Menschen, der Sie gut kennt, was seiner Meinung nach Ihr Hauptfehler ist, der Sie daran hindert, Ihr menschliches und fachliches Potenzial noch besser zu nutzen. Rechnen Sie zunächst mit der Antwort, dass Sie überhaupt keinen Hauptfehler haben. Damit sollten Sie sich natürlich nicht zufrieden geben und einige konkrete Situationen in Ihrem Leben erzählen, die für Sie nicht gut gelaufen sind. Wenn Sie sich auf die Suche nach Ihrem Hauptfehler begeben, wird das vielleicht zu einem der wertvollsten Geschenke, das Sie in letzter Zeit bekommen haben: aufrichtiges Feedback von Menschen, die Sie schätzen.

Jedenfalls werden Sie Neues über sich erfahren und als positiven Zusatznutzen gleichzeitig Ihre Selbstdisziplin trainieren. Wie Sie das am besten tun können, zeigt Ihnen eine Methode der Jesuiten, die sich im Laufe der Jahrhunderte als besonders wirksam erwiesen hat.

2. Das Examen oder die tägliche Gewissenserforschung

Im Exerzitien-Buch von Ignatius finden sich drei Menschenarten:

Typ A: Weiß, wo sein Problem liegt und dass er es lösen sollte, tut es aber sein Leben lang nicht.

Typ B: Weiß, wo sein Problem liegt und will es auch lösen, ist aber nicht bereit, sich wirklich zu ändern, sondern will mit der Sache verbunden bleiben.

Typ C: Entscheidet sich dafür, daran zu arbeiten, das zu tun, was für Gott und sein Leben das Beste ist.

Es ist anzunehmen, dass Typ A und Typ B selten die Auswahl der Jesuiten überstanden haben. Als Unterstützung der individuellen Persönlichkeitsentfaltung hat Ignatius seinen Ordensbrüdern die zweimal fünfzehn Minuten täglicher Reflexion mitgegeben. Sie hilft jedem Jesuiten, schnell herauszufinden, worauf es zu achten gilt und was ihm immer wieder passiert. Entscheidend beim Examen ist, sein Verhalten nur anzuschauen und nicht zu bewerten. Denn jede Beurteilung würde automatisch entweder zur Selbstrechtfertigung oder zur Selbstanklage führen. Die Voraussetzung für diese nicht bewertende Beobachtung ist, dass der Einzelne schon ein Grundgefühl der Selbstliebe und ein Wissen um die Gottesliebe entwickelt hat.

Die Reflexionen finden mittags und abends statt. Die beobachtete Einheit ist also nicht der ganze, sondern jeweils der halbe Tag. Die fünfzehn Minuten laufen oft so ab, dass sich der Jesuit mit einem kurzen Gebet mit Gott in Verbindung bringt und dann den halben Tag Revue passieren lässt. Dabei kann er die Begegnungen und Ereignisse durchgehen oder auch nur warten, welche Themen von selbst auftauchen. Ignatius hat die Jesuiten gelehrt, besonders auf die inneren Regungen zu achten, also körperliche Reaktionen oder innere Stimmen.

Führen bestimmte Gedanken oder Bilder zu heftigen Regungen, ist besondere Selbstbeherrschung gefordert, um nicht in die Verurteilungsfalle zu gehen oder in inneren Dialogen hängen zu bleiben. Manchmal ist dann auch ein entschiedenes „Hör jetzt auf damit" zu sich selbst gefordert. Die Sinnhaftigkeit der zeitlichen Trennung der Reflexion über das eigene Verhalten und der Arbeit an Veränderung deckt sich mit den Erkenntnissen der modernen Psychologie.

Als hilfreich für das Examen haben sich folgende Fragen erwiesen:

Was ist gut gelaufen? Was ging daneben? Wofür bin ich dankbar? Was tut mir leid?

Eine andere Möglichkeit besteht darin, den halben Tag Stunde für Stunde durchzugehen: Welche Regungen lösen die Begegnungen, die Worte, die Gesten, mein Tun, mein Fühlen bei mir aus? Wo spüre ich Widerstand gegen das, was mich wirklich ausmacht? Wo ist Vertrauen, Hoffen, Lieben?

Man sollte gerade bei unangenehmen Regungen das Examen nie unversöhnt ausklingen lassen. Daher endet man am besten mit Fragen, die sich an die unmittelbare Zukunft richten: Wozu spüre ich eine Einladung? Wo sehe ich einen Weg? Was ist der nächste Schritt?

Man könnte das Examen auch als „Tagesauswertung" bezeichnen. Damit kommt zum Ausdruck, dass es in unserem Leben um die Erfahrung und Verwirklichung von Werten geht und ein guter Verwalter des eigenen „Lebenshauses" regelmäßig darauf achtet, wie es darum bestellt ist.

Das sollte jetzt kein Expresskurs sein, „wie ich in täglich fünfzehn Minuten Jesuit werden kann, ohne keusch, arm und gehorsam leben zu müssen". Ob und wie Sie die Praxis des Examens auf Ihr Leben umlegen, ob Sie etwas eine Zeit lang ausprobieren und wie Sie die richtige Dosierung finden, bleibt Ihnen überlassen. Wenn man gerade sehr mit sich im Einklang ist, wird das Bedürfnis danach geringer, wenn alles im Umbruch ist, größer sein. Sie könnten sich zum Beispiel zweimal am Tag die Frage nach Ihrem Hauptfehler stellen und sich dieser widmen. Manchen hilft es, ein Tagebuch zu führen, um ihre Fortschritte besser dokumentieren zu können.

3. Lust statt Frust – die regelmäßige Selbstreflexion im Alltag

Gerade weil ich selbst viele Jahre lang Seminare gehalten habe, möchte ich jetzt der Versuchung widerstehen, Ihnen ein einfaches Rezept zum Thema „Sich täglich selbst erkennen" anzubieten. Rezepte zur Persönlichkeitsentwicklung verkaufen sich zwar noch besser als Kochrezepte, erleiden aber das gleiche Schicksal. Nur ein Bruchteil der wunderbaren Speisen, die in Kochbüchern verheißungsvoll abgebildet und beschrieben sind, landet jemals auf einem Teller. Den meisten Menschen fehlt es schlicht an Zeit, Disziplin und Erfahrung, um nach aufwendigen Rezepten zu kochen. Daher funktionieren Fertiggerichte tausendmal besser als Kochrezepte.

Bevor es daher Sinn macht, über eine Methode der Selbstreflexion nachzudenken, die für Sie eine Chance auf Erfolg hat, gilt es, ein Thema abzuklären: der Rohstoff Zeit und seine Begrenztheit in Ihrem Leben.

Wie viel Zeit ist Ihnen die Arbeit an Ihrer Persönlichkeitsentwicklung im Vergleich zu Beruf, Familie und Vergnügen wert?

Haben Sie zu Hause oder an Ihrem Arbeitsplatz überhaupt eine Rückzugsmöglichkeit, um sich ungestört mit sich selbst beschäftigen zu können?

Wie viel Ihrer Zeit investieren Sie im Moment in die Sicherung Ihres Wohlstandes und wie viel in die Entwicklung Ihrer Persönlichkeit? Ist das Verhältnis 100 : 0, 10 : 1 oder 1 : 1?
Wir Menschen werden stark von Lust- und Unlustgefühlen gesteuert. Wie könnte eine Methode aussehen, die Ihnen Freude am täglichen Abenteuer der Selbsterforschung bereitet und nicht nach kurzer Zeit zur lästigen Pflichterfüllung wird? Was passt zu Ihrem Lebensrhythmus? Tun Sie sich leichter mit der Verstandesebene, dann wird Schreiben, Nachdenken, Reflektieren besser sein. Hat sich Meditation oder Körperarbeit schon einmal bewährt? Bestehen fixe Strukturen in Ihrem Tagesablauf, wie mit Ihrem Hund spazieren oder laufen zu gehen, die Sie mit einer Reflexion verknüpfen könnten? Und wenn das alles wenig realistisch scheint, dann sollte Ihnen der Gedanke Mut machen, dass es zumindest eine rituelle Handlung gibt, die Sie bisher auch bei großer Müdigkeit, auf Reisen und unter größtem Stress jeden Tag ein- bis zweimal durchgehalten haben.

Zähneputzen – schon als Kind bringt man uns bei, dass wir in der Früh und vor dem Schlafengehen die Zähne putzen. Das passiert je nach pädagogischer Orientierung der Eltern mit Schauergeschichten vom Kariesteufel oder mit einer Zahnbürste in Form unserer Lieblingscomicfigur und Zahncreme mit Erdbeergeschmack. Als Erwachsener kommt noch ein zweites Thema dazu: Wenn wir unseren Körper nicht regelmäßig bewegen, erschlafft er.

Manchmal muss man den Mut haben, die Wahrheit in der Einfachheit zu erkennen:

1. Putzen wir nicht zumindest einmal am Tag die Zähne, fallen diese aus. Das tut verdammt weh und wird teuer.
2. Bewegen wir unseren Körper nicht regelmäßig, beginnt er erst zu schmerzen und irgendwann trägt er uns nicht mehr.

Schmerzhafte Operationen und langwierige Rehabilitationen sind die Folge.
3. Vernachlässigen wir unsere Seele, weil wir uns nie Zeit für die Reflexion über unser Leben nehmen, wird sie verkümmern.

Wer den Punkt 1 akzeptiert, wird sich schwer tun, die Punkte 2 und 3 abzulehnen. Warum funktioniert Punkt 1 so gut, warum kämpfen wir mit Punkt 2 und warum scheitern so viele an Punkt 3? Die Gebrauchsanweisung beim Zähneputzen ist ganz einfach. Die Anleitungen, etwas für unseren Körper zu tun, sind schon vielfältiger: Wir können Yoga machen, laufen, Stiegen steigen, statt den Lift zu nehmen oder möglichst alle Wege zu Fuß zurücklegen, um unsere körperliche Leistungsfähigkeit zu erhalten. Es gibt sogar teure Fitnessmaschinen, die unsere Muskeln durch Vibrationen trainieren, ohne dass wir uns dafür selbst quälen müssen. Die Maschine, die die täglich notwendige Reflexionsarbeit für uns leistet, ist leider noch nicht erfunden. Wenn wir diese Arbeit erst auf- und dann wegschieben, sind die Folgen schlimmer als bei der Vernachlässigung unserer Zähne oder unseres Körpers. Ein Jahr ohne Reflexion ist ein verlorenes Jahr. Verlorene Jahre summieren sich am Ende zu einem vergeudeten Leben.

Ich kenne Menschen, die aus der Pflicht eine Kür machen. Sie kombinieren das Zähneputzen mit ihrer Reflexion. Das hört sich vielleicht sonderbar an, aber zweimal zwei Minuten bewusstes Nachdenken über sich selbst ist besser als null Minuten. So kann es dem einen unangenehm sein, beim Zähneputzen noch über etwas nachdenken zu müssen, für den anderen wird es eine gute Gelegenheit sein. Zähneputzen beginnt damit, dass wir eine Tube öffnen und Zahncreme auf die Bürste auftragen. Diese Bewegungen sind so eingelernt, dass wir uns gar nichts dabei denken, außer die Verschlusskappe fällt in den

Abfluss, das ist kein guter Beginn für den Tag. Beim Putzen der Zähne blicken wir in den Spiegel. Sehen wir dort nur unsere Falten und Hautunreinheiten oder sehen wir mehr? Wenn wir mehr sehen wollen, sollten wir genauer hinschauen.

Mir geht es manchmal so, dass ich mich bewusst darauf konzentrieren muss, in meine Augen zu blicken, um nicht an den Unregelmäßigkeiten meines Gesichts hängen zu bleiben. Dabei sind meine Augen der Schlüssel zu meinen inneren Gefühlen. In ihnen erkenne ich ganz schnell, ob ich schon am Morgen erschöpft bin oder voll Energie in den Tag gehen will. Wenn ich die Gefühle, die kommen, zulasse, dann sind sie ein perfekter Seismograf. Bin ich gerade ängstlich, weil ein unangenehmes Gespräch auf mich wartet oder eine Nachricht schon so lange überfällig ist, dass ich fürchte, dass sie negativ ausfallen wird? Oder bin ich in euphorischer Stimmung, weil ich mir vorstelle, wie ich eine Situation brillant bewältigen werde, auf die ich mich bestens vorbereitet habe? Und jetzt kommt der entscheidende Augenblick:

Bin ich in der Lage, dieses Abgleiten in mein Gefühlsleben zu stoppen, einen Schritt vom Spiegel zurückzutreten und zu erkennen, dass gerade mein Hauptfehler die Kontrolle über mich übernommen hat? Mein Hauptfehler ist, dass ich mich zu stark mit meinen Emotionen identifiziere. Das sind jene Momente, in denen ich meine ganze Persönlichkeit ausschließlich auf meine Gefühle reduziere. Ich habe nicht Gefühle, ich bin dann meine Gefühle. Im Badezimmer fällt es mir leicht, nur kurz „Stopp jetzt" zu sagen. Ich verurteile mich nicht, sondern verlasse das Badezimmer mit dem Gefühl, dass ich meinen Hauptfehler zumindest erkennen und damit auch beherrschen konnte. Es gibt natürlich auch Tage, wo ich beim Zähneputzen in meinem Kopf bei den To-do-Listen hängen bleibe. Dann verlasse ich das Badezimmer höchstens um die Selbsterkenntnis bereichert, dass der nächste Friseurbesuch mehr als dringlich ist.

Selbsterkenntnis und die Kunst des Lebens

Die Arbeit an uns selbst ist etwas völlig anderes als das Lernen von Fachwissen in der Schule und an der Universität oder das Aneignen von bestimmten Fertigkeiten für das Berufsleben. Sie ist ein lebenslanger Lernprozess, der in unterschiedlichen Geschwindigkeiten, mit Sprüngen und Rückschlägen, erfolgt. Das Begreifen der eigenen Mission im Leben erfolgt meist erst nach vielen Selbsttäuschungen und Umwegen in einer reiferen Phase des Lebens. Menschen, die schon von Anfang an genau wissen, dass sie Klavierspieler, Insektenforscher, Priester, Lehrer oder Archäologe werden wollen und sich ihr gesamtes Leben dieser Aufgabe widmen, gibt es zwar, sie sind jedoch die Ausnahme. Für die meisten ist es ein mühevoller Prozess, zwischen dem unterscheiden zu lernen, was sie gerne tun, und dem, was sie besonders gut können. Irgendwann tauchen dann die fundamentaleren Fragen auf, die zum Ursprung der Suche nach der Selbsterkenntnis führen.

Am Ende von „Faust II" heißt es: „Wer immer strebend sich bemüht, den können wir erlösen." Goethe bringt in seinem Schlüsselwerk die Erlösung mit dem persönlichen Suchen in Verbindung. Ohne Suchen, ohne sich permanent infrage zu stellen, gibt es keinen Schritt in Richtung Erlösung.

Sich selbst beherrschen

Auch wenn wir unser Gehirn mit dem modernsten Mikroskop untersuchen, werden wir dort keinen Homunkulus entdecken, der mit Zuckerbrot und Peitsche bewaffnet auf unsere Befehle wartet, um unsere widersprüchlichen Gefühle zu kontrollieren und uns auf dem schnellsten Weg an das vorgegebene Ziel bringt.

Das heißt natürlich nicht, dass wir nicht lernen können, ein unerwünschtes Verhalten zu beherrschen. Im Gegenteil, erst wenn wir verstanden haben, dass nichts auf der Welt stetig bleibt, sondern sich bewegt, wandelt, verfällt oder erschlafft, werden wir mit einer realistischen Erwartung an unsere eigene Veränderungsmöglichkeit herangehen. In diesem Kapitel suchen wir Antworten auf folgende Fragen:

1. Warum fällt es uns so schwer, uns von negativen Verhaltensmustern zu lösen, obwohl wir wissen, dass diese uns schaden?
2. Warum spielt gerade die Selbstbeherrschung in den Werken der beiden Jesuiten Ignatius von Loyola und Baltasar Gracián eine so zentrale Rolle?
3. Wie können wir unsere Befähigung zur Disziplin und zur Differenzierung weiterentwickeln?

1. Warum der Mensch sich so schwer tut, sein Verhalten zu verändern

Es gibt Erfahrungen in den alten spirituellen Traditionen, die wir in die heutige Zeit übertragen können. So spielt das Verhältnis des Schülers zu seinem Lehrer, Meister oder Guru in den meisten Weisheitslehren eine wichtige Rolle. Ein Beispiel: Die Lehrer des Sufismus, einer spirituellen Richtung des Islams, erkannten bald, dass ihre Schüler trotz harter Arbeit an sich selbst nicht in der Lage waren, sich von ihren prägenden Persönlichkeitsmustern zu lösen. Wie von einem Gummiband wurden sie ab einem bestimmten Moment zurückgezogen und wiederholten die gleichen Fehler.

Diese Muster sind keine Laune der Natur, sondern dienen einem höheren Zweck: Wir Menschen brauchen Beurteilungssysteme, die uns erstens helfen, neue Informationen und Herausforderungen in ein bestimmtes Schema einzuordnen, und zweitens negative Bedrohungen der Realität von uns fernzuhalten. Diese Verteidigungsmuster schotten uns ab einem bestimmten Zeitpunkt der empfundenen Bedrohung von der Realität ab und lassen nur mehr gefilterte Informationen zu uns durchdringen, die keine Ängste bei uns auslösen. Die tiefere Ursache für diesen Mechanismus liegt für die Sufis im Grunddilemma menschlicher Existenz:

„Bewusstsein ist ein Zustand, in dem der Mensch alles auf einmal weiß, was er überhaupt wissen kann, und in dem er sieht, wie wenig er weiß und wie viele Widersprüche in seinem Wissen bestehen."

Die Formulierung stammt von Georges I. Gurdjieff, einem bis heute umstrittenen Denker, Schriftsteller und spirituellen Lehrer, der ursprünglich stark vom Sufismus inspiriert wurde. Über das turbulente Leben und die geheimnisvolle Lehre von

Gurdjieff sind eine Menge Bücher verfasst worden, der britische Regisseur Peter Brook hat ihm sogar einen Film gewidmet. Allgemein anerkannt wird, dass Gurdjieff die Persönlichkeitstypologie des Enneagramms am Beginn des 20. Jahrhunderts einer breiteren Öffentlichkeit zugänglich gemacht hat. Die Bezeichnung Enneagramm bedeutet die grafische Darstellung der Zahl Neun in einem Diagramm, das die Wechselbeziehungen zwischen den einzelnen Typen darstellt.

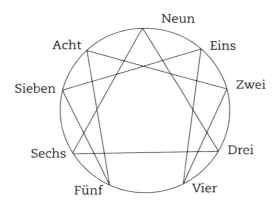

Die neun Punkte des Enneagramms

Im Kern basiert die Lehre des Enneagramms auf der zuvor beschriebenen Erkenntnis: Unser Bewusstsein ist ständig solchen inneren und äußeren Widersprüchen ausgesetzt, dass es unterschiedliche Strategien entwerfen muss, um sich gegen diesen Zustand der Unsicherheit und Zerrissenheit schützen zu können. Das Enneagramm ist wie eine Landkarte der menschlichen Natur, auf der die Abwehrstrategien von neun Persönlichkeitstypen dargestellt werden. Jeder einzelne Typus blendet einen Teil der Realität aus und versucht sich an einer Grundüberzeugung festzuklammern.

Typus neun ordnet der Harmonie mit seiner Umwelt alles bis zur Selbstverleugnung unter, für Typus acht ist es die Konzentration auf die eigene Macht und die Kontrolle der anderen, für Typus sieben das lustvolle Ausleben aller Möglichkeiten und die Suche nach dem nächsten Kick, für Typus sechs die Hoffnung auf Sicherheit durch vertraute Menschen, der Typus fünf zieht sich auf die Beobachterrolle zurück und nimmt nur durch Denken, nicht durch Handeln an der Welt teil, der Typus vier verteidigt seine Freiheit und ist von seiner Einzigartigkeit überzeugt, der Typus drei ist auf die Darstellung seines äußeren Erfolgs fixiert, der Typus zwei definiert sich über die Abhängigkeit anderer von ihm und Typus eins bewertet alles in einem selbstgerechten Gut-Schlecht-Schema.

Das Dilemma für alle neun Typen besteht darin, dass sie schnell zum Opfer ihrer inneren Konflikte werden, wenn sie völlig auf ihre Abwehrmechanismen verzichten, oder aber zu innerlich verarmten isolierten Menschen, falls sie ihre Verteidigungsstrategien ins Extrem treiben.

Die Lehrer des Sufismus standen also vor der Herausforderung, ihre Schüler davor zu bewahren, auf ihrer Suche nach sich selbst genau das zu produzieren, was sie am meisten fürchteten, und dabei das zu zerstören, wonach sie sich sehnten. So enden zum Beispiel die ständigen Versuche des Typus zwei, andere durch Abhängigkeit zu Liebe zu zwingen, darin, dass sich diese abwenden, ja sogar mit Hass reagieren. Jeder Persönlichkeitstypus neigt dazu, das, was er unbedingt vom Leben will, am falschen Ort auf die falsche Art und Weise zu suchen. Das Enneagramm war im Sufismus eine bewährte Methode, um den Schülern ihr Dilemma bewusst zu machen und ihnen zu helfen, es besser zu bewältigen.

Auch für mich ist das Enneagramm nach wie vor eine der besten Persönlichkeitslehren. Ich kann es allen, die es noch nicht für sich entdeckt haben, nur empfehlen. Wer sich mehr dafür interessiert, dem seien die Bücher von Helen Palmer, Richard Rohr und Don Richard Riso empfohlen. Letzterer war Jesuit und hat die Methoden des Enneagramms für die Ausbildung der Jesuiten vor allem an der Universität von Berkeley und der Loyola-Universität in Chicago verwendet. Riso hat sein Studium magna cum laude abgeschlossen und war Fellow der Ford-Stiftung an der Stanford-Universität, also alles andere als ein verklärter Esoteriker. Er verließ nach dreizehn Jahren den Jesuitenorden, um sich ganz der Forschung und Lehre des Enneagramms zu widmen. Dabei gelang es ihm, die vielen Bezüge zu Freud und C. G. Jung zu beleuchten. Riso starb 2012 an Krebs.

Auch in Rom während der 1980er-Jahre wurde das Enneagramm von den geistigen Begleitern der Jesuiten als eine Methode der Persönlichkeitsarbeit angeboten. Sie empfahlen es vor allem als hilfreich, um sich selbst zu positionieren. Nach einer kurzen Periode der Euphorie, die das Enneagramm in der Ausbildung der Jesuiten erlebte, folgte eine gewisse Ernüchterung. Gerade weil das Enneagramm so schlüssig war, verführte es dazu, sich an das entdeckte Erklärungsmuster zu klammern und damit die eigenen Wahlmöglichkeiten noch mehr zu reduzieren. Ganz nach dem Motto: „Hurra, ich habe meinen Typ gefunden, jetzt ist mir alles klar. Ich kann mich gar nicht verändern, ich bin eben so durch mein Muster geprägt."

Das Enneagramm ist so wie die Psychoanalyse nur eine von vielen Theorien, die dem Menschen helfen sollen, sich selbst besser zu verstehen. Gemeinsam ist allen, dass sie zeigen, wie schwierig es ist, die Art, wie wir unsere Umwelt wahrnehmen, zu verändern. Doch genau das wäre die Voraussetzung dafür, damit wir überhaupt andere Handlungsalternativen sehen und nicht blind den zuvor beschriebenen Abwehrmechanismen folgen. Das führt zu einer legitimen Frage, die nur jeder für sich selbst beantworten kann: Glaube ich, dass ich meine Persönlichkeit durch eigene Arbeit verändern kann, oder wird diese im Wesentlichen durch Veranlagung, Umfeld und Zufall geprägt?

2. Ignatius von Loyola + Baltasar Gracián = Selbstbeherrschung x Selbstbeherrschung

In keinem anderen Bereich des „Handorakels" ist der Bezug zu den Jesuiten so stark wie beim Thema Selbstbeherrschung:
Leidenschaftslos sein, Nie aus der Fassung geraten, Nie handle man im leidenschaftlichen Zustand, Sich nicht gemeiner Launenhaftigkeit hingeben, Sich in seinen Meinungen mäßigen, Seine Antipathie bemeistern sind nur einige Beispiele. Dahinter steckt die feste Überzeugung, dass nur jener in der Lage ist, die höhere Stufe des *sich selbst Vollendens* erreichen zu können, der sich Selbstbeherrschung angeeignet hat. Exemplarisch wollen wir die beiden Themen *Leidenschaftslos sein* und *Nie aus der Fassung geraten* genauer betrachten:

> *Leidenschaftslos sein: eine Eigenschaft der höchsten Geistesgröße, deren Überlegenheit selbst sie loskauft vom Joch gemeiner äußerer Eindrücke. Keine höhere Herrschaft als die über sich selbst und über seine Affekte: sie wird zum Triumph des freien Willens.*

In den Worten des Ignatius von Loyola lautet dieser Appell „Halte dich indifferent". In früheren Jahrhunderten konzentrierte sich das Training der Selbstbeherrschung bei den Jesuiten sehr auf äußere Dinge: Sie sollten dem anderen nicht ins Gesicht schauen, um sich nicht ablenken oder von Sympathie beeinflussen zu lassen. Sie wurden zu einer strengen Sitzhaltung und aufrechten Körperhaltung angehalten. Tatsächlich kann körperliche Programmierung wie zum Beispiel das Exerzieren beim Militär das Verhalten wesentlich beeinflussen. Wir dürfen nicht vergessen, dass Ignatius ursprünglich Soldat war. Die äußere Selbstbeherrschung hat damals gut funktioniert, heute geht es den Jesuiten vor allem um innere Disziplin. Jedenfalls haben die Jesuiten selbst einiges zum Bild des asketischen reinen Verstandesmenschen beigetragen. Diese Übersteigerung drückt sich in dem Witz aus, dass die Jesuiten keinen Gürtel und keine Hosenträger brauchen, weil sie ihre Hose nur mit ihrem Willen halten können.

Richtig angewendet soll die Betonung der Selbstbeherrschung dem Jesuiten vor allem helfen, herauszufinden, was für ihn wirklich wichtig ist. Er soll nicht lernen, seine Wut zu unterdrücken, sondern für sich erkennen, warum ihn bestimmte Dinge so in Rage versetzen. Das führt ihn schließlich zu den tieferen Ursachen wie verletzte Eitelkeit oder Enttäuschung von Erwartungen.

Nie aus der Fassung geraten

Ein großer Punkt der Klugheit, nie sich zu entrüsten. Es zeigt einen ganzen Mann von großem Herzen an: denn alles Große ist schwer zu bewegen. Die Affekte sind die krankhaften Säfte der Seele, und an jedem Übermaß derselben erkrankt die Klugheit: steigt gar das Übel bis zum Mund hinaus, so läuft die Ehre Gefahr.

Was Gracián *krankhafte Säfte der Seele* nennt, würde die Gehirnforschung als Bildung von Synapsen (Verbindungen) im Gehirn definieren, die unsere negativen Gefühle speichern und uns abhängig davon machen, sie immer wieder abzurufen. Aus der Gehirnforschung wissen wir, dass negative Emotionen wie Wut,

Neid oder Hass sich nicht reduzieren, wenn wir sie ungehemmt ausleben, sondern sich sogar noch verstärken. Schreien, Toben und Dampfablassen schaden nicht dem Ziel unserer Aggressionen, sondern richten sich gegen uns selbst. Das gilt auch, wenn wir das nicht offen ausleben, sondern nur in unserer Fantasie. Es ist daher für unser seelisches Wohlbefinden besser, negative Emotionen bewusst zu kontrollieren. Wer sich nach einem Rezept sehnt, dem sei an dieser Stelle mit Erich Kästner geholfen: „Alexander der Große zählte, um sich nicht zu unüberlegten Taten hinreißen zu lassen, jedes Mal erst bis dreißig. Also, das ist ein wunderbares Rezept. Befolgt es, wenn es nötig sein sollte! Noch besser ist es, ihr zählt bis sechzig."

Selbstbeherrschung ist sowohl für Ignatius als auch für Gracián eine zwingende Voraussetzung, um Führungsverantwortung übernehmen zu können.

Nie handle man im leidenschaftlichen Zustand: sonst wird man alles verderben. – Sollte aber jemals die Leidenschaft sich der Person bemächtigen, so darf sie doch nie sich an das Amt wagen, und umso weniger, je höher solches ist.

Wer sich schwer tut, andere Wirklichkeiten anzunehmen, weil er eine vorgefasste Meinung hat, wird in Führungsämtern Probleme bekommen. Nicht mehr zuzuhören, weil man schon weiß, was der andere sagen wird, schränkt die eigenen Handlungsmöglichkeiten ein. Wer seine Antipathien nicht meistern kann, wird ungerechte Entscheidungen treffen, die für Unruhe und Widerstände sorgen.

Ein Spannungsfeld der Selbstbeherrschung für jeden, der Führungsverantwortung ausübt, ist das zwischen Geduld und Konsequenz. Wer schnell die Geduld verliert, dem werden sich viele Hindernisse entgegenstellen, in sich selbst und von anderen, die sich gedrängt oder gar verletzt fühlen. Geduld ohne Konsequenz führt dagegen ebenfalls nicht ans Ziel. Der Führungsstil von Ignatius war ein Beispiel, wie man mit dieser Ambivalenz klug umgeht. Auf der einen Seite nahm er sich viel Zeit dafür, auch negative Entscheidungen nicht nur zu dekretieren, sondern sie einem Mitbruder ausführlich zu erklären, so lange, bis dieser ein Einsehen hatte. So ist sein Umgang mit besonders schwierigen Mitbrüdern wie dem aufsässigen Nicolás Bobadilla legendär. Auf der anderen Seite war Ignatius bekannt für seine unglaubliche Hartnäckigkeit, mit der er seine Ziele oft über Jahre verfolgte. Er verfügte sowohl über den „langen Atem", abzuwarten als auch über das Gespür, im rechten Augenblick entschlossen zu handeln.[1]

3. Disziplin und Differenzierung – die beiden Töchter der Selbstbeherrschung

Das Wort Selbstbeherrschung hat für die meisten Menschen einen positiven Klang, Disziplin dagegen oft einen negativen. Bilder von der unbarmherzigen Erziehung der Kinder bei den Spartanern, den brutalen Drillmethoden im preußischen Militär oder der martialischen Ausbildung der Hauptfigur Kiddo im Film „Kill Bill 2" durch den Kampfkunst-Meister Pai Mei tauchen auf.

Nüchtern betrachtet ist Disziplin unabdingbar, wenn man vom Anfängerniveau auf ein höheres kommen will. Das gilt in allen Disziplinen, vom Sport bis zur Kunst. Wer je das Picasso-Museum in Barcelona besucht, findet dort fast nur die Werke aus seiner Kinder- und Jugendzeit. Man sieht Studien eines Pferdes, die der achtjährige Pablo gemalt hat. Die Skizzen beginnen mit einem perfekt gezeichneten Pferd, bei dem man meint, jeden Muskel voll Anspannung vibrieren sehen zu können. In der nächsten Phase reduziert Picasso das Pferd auf seine Umrisse. Am Ende bleibt vom ganzen Pferd nur mehr eine einzige meisterhafte Linie übrig. Hätte man diese zuerst gesehen, hätte man meinen können, das sei eben eine Kinderzeichnung. Der Weg von der Perfektion durch Reduktion zur Meisterschaft funktioniert. Umgekehrt wird ein Maler, der eine Person nur deshalb abstrakt malt, weil er keine Hände zeichnen kann, immer ein Dilettant bleiben. Das gilt für die Arbeit an einem Kunstwerk genauso wie für die Arbeit an sich selbst. Je leichter etwas scheint, desto mehr Disziplin und Meisterschaft stecken dahinter, oder wie Gracián empfiehlt: *Man unternehme das Leichte, als wäre es schwer, und das Schwere, als wäre es leicht: jenes, damit das Selbstvertrauen uns nicht sorglos, dieses, damit die Zaghaftigkeit uns nicht mutlos mache.*

Ein zweiter Aspekt der Selbstbeherrschung ist die Fähigkeit zur Differenzierung. Der Reichtum des Lebens beginnt im genauen Hinschauen und nicht in der Pauschalierung. Oft sind wir sehr schnell damit, einen Menschen vorzuverurteilen, weil uns eine Kleinigkeit stört. War es nicht manchmal so, dass Menschen, denen wir eine zweite Chance gegeben haben, sich auf einmal als interessant und wertvoll für uns herausgestellt haben? Differenzierung beginnt damit, zu lernen, auf welche Dinge wir unsere Aufmerksamkeit richten. Das fängt bei kleinen Dingen im Alltag an.

Wenn Sie den Tisch decken, weil Sie Gäste erwarten, konzentrieren Sie sich meistens auf die genaue Ausrichtung des Bestecks, die Platzierung der Gläser, Servietten und des Tischschmucks. Machen Sie einmal den Versuch, während des Tischdeckens Ihre Gedanken auf jeden einzelnen Ihrer Gäste zu richten. Und wenn Sie einen von ihnen in Ihrer Vorstellung sehen, fragen Sie sich, ob Sie ihm in der Vergangenheit auch genug Zeit gewidmet haben. Denken Sie nicht nur an die Speisenabfolge, sondern auch an die Freunde, die dort sitzen werden. Ob Sie wissen, was diese gerade bewegt, ob diese Sorgen haben. Falls Ihnen dazu auch bei längerem Sinnieren nicht viel einfällt, ist das eine gute Gelegenheit, über den Wert nachzudenken, den Freundschaft für Sie hat.

Wer die Bedeutung von Sitzordnungen im Privaten einmal verstanden hat, der wird sie auch im Beruflichen zu nutzen wissen. Ich hatte einmal die Gelegenheit, die persönliche Coachin von Meg Withman, der damaligen Chefin von eBay, kennenzulernen. „Was unterscheidet Meg Withman von anderen Spitzenmanagern, was macht sie besonders?", fragte ich sie. Daraufhin erzählte mir ihre Coachin, dass es bei eBay zweimal im Jahr ein Meeting der 200 wichtigsten Führungskräfte gegeben hat. Meg Withman machte sich die Mühe, jedes Mal persönlich die genaue Sitzordnung festzulegen. Ihr war wichtig, bis ins kleinste Detail dafür zu sorgen, dass bestimmte Kommunikationen zustande kamen. Sie konnte natürlich keinen Einfluss auf die Gesprächsinhalte nehmen, aber die Wahrscheinlichkeit dafür erhöhen, dass Menschen, die sich sonst nie kennengelernt hätten, miteinander ins Gespräch kamen. Wer Qualität erreichen will, muss sich auf die Genauigkeit einlassen, gerade auch dann, wenn er über ein ganz begrenztes Zeitbudget verfügt.

Wenn Sie nach einem längeren Urlaub alle ihre abonnierten Zeitungen nachlesen, werden Sie nicht in der Lage sein, die Informationen in eine zeitliche Reihenfolge zu bringen. Hätte Ihnen jemand eine Zeitschrift aus dem letzten Jahr daruntergemischt, würde Ihnen das wohl kaum auffallen: Erdbeben in unbekannten Regionen, Flugzeugabstürze, Attentate im Irak, Lady Gaga schon wieder nackt, neuer Weltrekord in irgendetwas. Der Nutzwert geht gegen null. Viel schlimmer ist, dass der durchschnittliche Mensch einen halben Arbeitstag pro Woche mit Nonsens-News verschwendet. Über das Jahr gerechnet, sind das immerhin 26 verlorene Tage. Für den Schweizer Bestsellerautor Rolf Dobelli sind News das für den Geist, was Zucker für den Körper ist. Daher hat er sich vor drei Jahren auf „News-Nulldiät" gesetzt. Er kündigte sämtliche Zeitungsabos, entsorgte Fernseher und Radio. Wie bei allen radikalen Diäten waren die ersten Wochen sehr hart, weil Dobelli ständig Angst hatte, etwas zu versäumen. Umso erfreulicher war seine Bilanz nach den drei Jahren. Er konnte klarer denken, bessere Entscheidungen treffen und hatte wesentlich mehr Zeit, gute Bücher oder lange Hintergrundartikel zu lesen, wie sie zum Beispiel in Deutschland „brand eins" und in den USA der „New Yorker" anbieten.[2]

Die dreißigtägigen Exerzitien sind den Jesuiten vorbehalten, der totale Nachrichtenverzicht mag für Sie doch zu radikal sein, aber wie wäre es mit einem nachrichtenfreien Tag in der Woche? Damit können Sie sowohl Ihre Disziplin als auch Ihre Fähigkeit zur Differenzierung trainieren. Am Anfang wird Ihnen das genauso schwerfallen, als würden Sie einen Tag in der Woche auf Zucker, Alkohol oder ein anderes Suchtmittel bewusst verzichten. Sobald Sie es schaffen, den kurzfristigen Genuss der Entspannung des täglichen News-Konsums durch die nachhaltige Freude an der gewonnenen Zeit zu ersetzen, werden Sie begreifen, warum es gerade die Selbstbeherrschung ist, die das Tor zu einem geglückten Leben weit öffnet.

Erst kommt im Leben die Pflicht, dann die Kür

Der „Marshmallow-Test" untermauert, welchen großen Einfluss die Fähigkeit zur Selbstbeherrschung schon bei Kindern auf ihren weiteren Lebensweg hat. Bei diesem Experiment lässt der Versuchsleiter ein Kind in einem nüchternen Raum mit einem dicken Stück weißer Schokolade (in den USA mit einem Marshmallow) allein. Er verspricht dem Kind, dass es ein zweites Stück bekäme, wenn es die Schokolade nach einer Viertelstunde noch nicht aufgegessen hat. Im ursprünglichen Experiment von Walter Mischel hielt von den 600 Teilnehmern nur ein Drittel bis zum Schluss durch. Seine Berühmtheit erlangte der Test durch die Studien der weiteren Lebensverläufe der getesteten Kinder. Dabei zeigte sich Folgendes: Kinder, die schon als Vierjährige begriffen hatten, dass es für sie von Vorteil war, sich für den doppelt so hohen aufgeschobenen Nutzen statt für das unmittelbar greifbare Vergnügen zu entscheiden, erreichten später deutlich höhere Bildungsabschlüsse und waren auch insgesamt beruflich weitaus erfolgreicher als jene, die der Versuchung nicht widerstehen konnten. Das Leben ist komplexer als der „Marshmallow-Test", dieser beweist aber eine Weisheit, die für Kinder ebenso wie für Erwachsene gilt: Selbstbeherrschung ist eine wesentliche Voraussetzung, um seine Energie auf die langfristig wichtigen und nicht auf die kurzfristig reizvollen Dinge zu lenken. Gracián formuliert das so:

Nicht sein Leben mit dem anfangen, womit man es zu beschließen hätte

Manche nehmen die Erholung am Anfang und lassen die Mühe für das Ende zurück: allein erst komme das Wesentliche, nachher, wenn Raum ist, die Nebendinge. Andere wollen triumphieren, ehe sie gekämpft haben. Wieder andere fangen damit an, das zu lernen, woran wenig gelegen ist, und schieben die Studien, von welchen sie Ehre und Nutzen hoffen, für das Ende ihres Lebens auf. Jener hat noch nicht einmal angefangen, sein Glück zu machen, und schon schwindelt ihm vor Dünkel der Kopf. Methode ist unerlässlich zum Wissen und zum Leben.

1 Einen kompakten Einblick in die Prinzipien jesuitischer Führung gibt Anton Aigner: Die Kunst des Leitens. Erfahrungen – Einsichten – Hinweise, Würzburg 2011.
2 Vgl. Rolf Dobelli: Die Kunst des klugen Handelns. 52 Irrwege, die Sie besser anderen überlassen, München 2011, S. 209.

Sich selbst veredeln

Wir Mitteleuropäer leben auf einem Fleck der Erde, der eine so hohe Lebensqualität verspricht, dass uns viele Mitbewohner unseres Planeten darum beneiden. Sie quetschen sich in überfüllte Boote, riskieren ihr Leben, verlieren es oft sogar, nur um zu uns zu kommen. Bei uns verhungert niemand, unsere Städte sind selbst in der Nacht ziemlich sicher und wir können unsere Regierungen mit dem Stimmzettel verjagen, ohne fürchten zu müssen, dass Panzer Jagd auf uns machen. Woher rührt dann unsere kollektive Angst vor der Zukunft? Warum verwenden wir so viel Zeit zur Befriedigung unserer Grundbedürfnisse und so wenig für die Erfüllung unseres Lebens?

1. Die Entwicklung unseres Bewusstseins konnte mit dem technisch-wissenschaftlichen Fortschritt seit den Zeiten Graciáns überhaupt nicht mithalten. Friedrich Dürrenmatt formuliert das so: „Das Dilemma des Menschen besteht darin, dass er zwar weiß, dass er sterblich ist, aber so lebt, als wäre er unsterblich. Er lebt drauflos."
2. Es zeigt sich, dass der Zuwachs an Wahlmöglichkeiten und Wohlstand ab einem bestimmten Ausmaß nicht zu mehr, sondern zu geringerem individuellen Wohlbefinden führt. Viele Studien[1] beweisen, dass exzessive Angebotsvielfalt und zu hohe Erwartungen von allen Seiten zu Stress führen. Gleichzeitig werden unsere Lebenskonzepte nicht mehr von unserer Herkunft diktiert, sondern wir haben zumindest in unserer Vorstellung das Gefühl, aus einer Vielzahl an Alternativen für unser Glück wählen zu können. Damit verbun-

den ist die wachsende Angst, sich für den falschen Weg zu entscheiden.
3. Wir haben nie gelernt, mit Ambivalenz, Unsicherheit und offenen Wahlmöglichkeiten gezielt umzugehen, obwohl das eine der größten Herausforderungen für den Menschen im 21. Jahrhundert ist. In der Schule werden uns zwar, mit immer geringerem Erfolg, Mathematik, Deutsch, Geschichte und Physik eingetrichtert, mit der Frage, wie wir an unser Leben herangehen sollen, lässt man uns allein.

Wie groß die Sehnsucht nach einer „Lebensschule" ist, zeigt der nachhaltige Erfolg von Klassikern wie Senecas „Von der Kürze des Lebens" oder „Essais" von Michel de Montaigne und vieler anderer Philosophen. In der modernen Ratgeberliteratur hat Dale Carnegie mit „Wie man Freunde gewinnt" Millionen von Menschen die Grundlagen kluger Lebensführung in einfacher Sprache zugänglich gemacht. Heute ist „Lebensberatung" eine eigene Industrie, die Verunsicherung damit aber nicht kleiner geworden. Was „Handorakel und Kunst der Weltklugheit" so wertvoll macht, ist der Umstand, dass Gracián das Leben nicht auf ein Fünf-Punkte-Erfolgsprogramm reduziert.

Das „Handorakel" spannt einen weiten Bogen über das Leben

Es beginnt mit der 1. Regel: *Alles hat heutzutage seinen Gipfel erreicht, aber die Kunst, sich geltend zu machen, den höchsten,* und endet mit der 300. Regel: *Mit einem Wort, ein Heiliger sein, und damit ist alles auf einmal gesagt.*

Zwischen diesem Anfangs- und dem Endpunkt gilt es für uns, einen langen Weg zu bewältigen. Gracián hält den Menschen für reif genug, um aus dem Angebot von 300 Weisheiten jene auszuwählen, die für ihn bedeutend sind. Das „Handorakel" ist nichts für den, der gerne die Pauschalreise durch das Leben buchen möchte. Es liefert uns eine Landkarte und einen Kompass, aber kein Ticket, mit dem wir nur in einen Bus einsteigen müssen, der eine fertige Route abfährt, um dann bei der Endstation mit dem Schild „Das war dein Leben" anzukommen. Gracián ist ein zu klarer Denker, um für die bunt nuancierte Vielfalt der menschlichen Charaktere einen Weg zum Glück vorzugeben. Die einzige Anleitung, die er uns immer wieder gibt, ist tief in uns hineinzuschauen, unsere Umwelt genau zu beobachten, scharf zu denken und überlegt zu handeln. Das Leben ist für Gracián weder ein Unterhaltungsprogramm noch ein Zufallsgenerator, dem wir willkürlich ausgeliefert sind, sondern eine Kunst.

Wie in jeder Kunst kann man darin Meisterschaft erlangen. Wer sich einmal auf das Abenteuer der Selbsterkenntnis eingelassen hat, für den kann jeder Tag spannend werden, weil er etwas ausprobieren, dazulernen und sich weiterentwickeln darf. Jede Lebensphase bietet neue Möglichkeiten, um tief in den Strom von Erfahrungen einzutauchen. Je tiefer wir eintauchen, desto reicher wird unser Leben.

Sein Leben verständig einzuteilen verstehen;

nicht wie es die Gelegenheit bringt, sondern mit Vorhersicht und Auswahl. Ohne Erholungen ist es mühselig wie eine lange Reise ohne Gasthöfe: mannigfaltige Kenntnisse machen es genussreich. Die erste Tagereise des schönen Lebens verwende man zur Unterhaltung mit den Toten: wir leben, um zu erkennen und um uns selbst zu erkennen; also machen wahrhafte Bücher uns zu Menschen. Die zweite Tagereise bringe man mit den Lebenden zu, indem man alles Gute auf der Welt sieht und anmerkt; in einem Land ist nicht alles zu finden: der Vater der Welt hat seine Gaben verteilt und bisweilen gerade die Hässliche am reichsten ausgestattet. Die dritte Tagereise hindurch gehöre man ganz sich selber an: das letzte Glück ist, zu philosophieren.

Was heißt eigentlich Selbstveredelung?

Sich selbst veredeln heißt, ein komplexes Bewusstsein zu entwickeln. Eine komplexe Persönlichkeit kann auf erworbenes Wissen, gereifte Lebenserfahrung, die Kenntnis und Beherrschung der eigenen Fähigkeiten zurückgreifen. Selbstveredelung im Innern bedeutet die Fähigkeit, sich selbst und andere lieben zu können, und nach außen gerichtet die Arbeit zum Wohl der Gemeinschaft. Unsere Arbeit ermöglicht uns, die Welt weiterzubauen. Die Liebe hilft uns, unser Selbst neu zu erschaffen. In diesem Bewusstsein findet der Mensch seine Befriedigung darin, an etwas mitzuwirken, das größer ist als er selbst. „Bigger than life", wie es auf Englisch so schön heißt.

Als Beispiel könnte Albert Schweitzer dienen, der bedeutende Schriften zur Philosophie und Theologie verfasste, ein herausragender Interpret von Bachsonaten auf der Orgel war und den Großteil seines Lebens der Leitung eines Krankenhauses in Lambaréné im zentralafrikanischen Gabun widmete. Schweitzers Leben beweist, dass das individuelle Glück eines Menschen und sein Beitrag zu einem höheren Ganzen Hand in Hand gehen können. Wer seine Lebensgeschichte liest, erkennt, dass ein tugendhaftes Leben kein langweiliges sein muss.[2]

Das sind alles kluge Gedanken, werden Sie jetzt vielleicht denken, aber wie kann ich diese für mich greifbar und anwendbar machen? Beginnen wir mit einer Qualität, über die wir alle verfügen, oder zumindest als Kinder verfügt haben: Neugier. Viele Menschen verlieren, je älter sie werden, leider die Fähigkeit zum Staunen über die Vielfalt der Welt. Stirbt einmal die Neugierde, dann stirbt der Mensch, auch wenn er äußerlich vielleicht noch viele Jahre lebt. Ein veredelter Mensch ist vor allem ein neugieriger Mensch. Er ist neugierig darauf, mehr über sich selbst und andere Menschen zu erfahren. Mehr noch, er ist neugierig auf die ganze Welt. Wenn ein Funke sein Interesse auf einem Gebiet entzündet hat, gibt er sich nicht mit der Oberfläche zufrieden, sondern beginnt tiefer einzudringen und gleichzeitig seinen Horizont zu erweitern. Für den Liebhaber von Mozart kann es spannend sein, sich einmal wirklich auf Arnold Schönberg einzulassen, für den Liebhaber zeitgenössischer abstrakter Kunst bereichernd sein, sich mit Velázquez und Goya zu beschäftigen. Wer sich für Mode interessiert, sollte sich nicht auf die einschlägigen Magazine beschränken, sondern die Lebensgeschichten der großen Modeschöpfer studieren. Neugier ist ein gutes Rüstzeug auf dem Weg der Selbstveredelung.

In unserem Leben gibt es Momente, wo wir fühlen, dass wir mehr aus unserem Leben machen möchten. Es überfällt uns die Neugier darauf, was wir alles schaffen könnten. Doch womit sollen wir beginnen? Mir persönlich hat es immer geholfen, meine Bestrebungen nach Selbstveredelung auf einen Punkt auszurichten:

Wie kann ich die Kluft zwischen dem, der ich schon bin, und dem, der ich sein könnte, verringern?

Die Arbeit mit dieser Frage ist natürlich meine ganz persönliche Interpretation von Selbstveredelung. So wie die folgenden Punkte aus meiner Perspektive formuliert sind. Verstehen Sie meine Gedanken daher nicht als Zusammenfassung, sondern als Anregung, dieses Buch um Ihre eigenen Erkenntnisse zu erweitern und diese auch niederzuschreiben. Sieben Denkanstöße sollen das Buch nicht abschließen, sondern aufmachen.

1. Wir sind, was wir beachten

Lust und Vergnügen sind wichtige Bestandteile unseres Lebens. Lachen ist die beste Medizin. Wie trostlos wäre es, wenn wir uns nur mit schwergeistigen Dingen auseinandersetzen würden. Warum sollten wir nicht eine kindliche, lustbetonte, triviale Seite haben? Wer hat sich nicht schon in der Ekstase des Tanzes oder der Sexualität in seiner ganzen Lebendigkeit gespürt? Lust und Vergnügen sollen nur nicht zum Hauptzweck unseres Daseins werden. Ganz einfach deshalb, weil die Freude daran ab einer bestimmten Grenze ab- und nicht zunimmt. Lebenskunst heißt auch immer, die richtige Balance zu finden.

Wer seine Persönlichkeit verändern will, muss lernen, seine Aufmerksamkeit auf jene Dinge zu richten, womit er sich in Zukunft mehr befassen will. Lebenssinn entsteht dann, wenn wir einen wesentlichen Teil unserer Lebensenergie auf höhere Ziele ausrichten. Damit kommen wir dem näher, was Abraham Maslow Selbstverwirklichung genannt hat. Dieser Weg hat kein Ende, daher nimmt auch die Freude daran kein Ende.

2. Leben heißt auswählen

Jedes Ereignis hat die Bedeutung, die wir ihm geben. Wenn wir einmal bestimmte Werte in unserem Leben herausgefunden haben, die uns Orientierung geben, werden wir die vielen Entscheidungen, die wir treffen müssen, nicht als Qual der Wahl, sondern als eine Freude der Selbstbestimmung empfinden. Doch wie kommen wir zu einem stabilen Wertegerüst in unserem Leben, das nicht beim ersten Windhauch einer Krise in sich zusammenbricht? Was verleiht uns Halt? Darauf gibt es von Aristoteles bis Gracián, vom Christentum bis zum Buddhismus eine Antwort, die sich auch mit allen Erkenntnissen der Glücksforschung deckt. Es ist der Weg der Tugend im Sinne der Selbstverwirklichung und Selbstveredelung. Tugend ist keine angeborene Eigenschaft, die einigen Heiligen und besonderen Menschen wie Nelson Mandela, dem Dalai Lama oder Mutter Teresa vorbehalten ist, sondern eine Wahl, die wir treffen können.

3. Tugend schmerzt nicht, sie belohnt uns

Der Begriff Tugend hat leider einen altmodischen Beigeschmack. Doch wäre es nicht auch heute erstrebenswert, Weisheit, Gerechtigkeit, Tapferkeit und Mäßigung zu erlangen? In einem zeitgemäßen Verständnis ist Tugend nicht das Befolgen von vorgegebenen moralischen Regeln, sondern die bewusste Entscheidung, auf welche Ziele wir unsere Energien richten. Wollen wir unseren Wohlstand selbst dann noch weiter maximieren, wenn uns das keine zusätzliche Freude mehr macht, oder konzentrieren wir unsere Anstrengungen auf das höchste Ziel, das ein Mensch auf Erden erreichen kann: die eigene Selbstverwirklichung, die uns am Ende des Tages das Gefühl eines vollendeten Lebens bescheren kann.

Menschen, die ihrer Selbstverwirklichung nicht nur in ihrer Vorstellung, sondern auch tatsächlich näherkommen, verfügen über eine herausragende Fähigkeit: Sie haben eine klare Vorstellung vom guten Ausgang ihrer Bestrebungen vor Augen. Daraus schöpfen sie die notwendige Energie, um dieses Bild von sich selbst mit aller Konsequenz Wirklichkeit werden zu lassen.

Ein authentisches Leben ist ein glückliches, weil es uns erlaubt, täglich Freude dabei zu empfinden, die für uns richtigen Dinge zu tun. So werden wir auch jene 20 bis 30 Jahre, die nach unserem Berufsleben vor uns liegen, besonders genießen können, weil wir noch mehr Zeit mit jenen Aktivitäten verbringen dürfen, die unser Leben mit Sinn erfüllen. Arbeiten wir an unserer Selbstveredelung, so brauchen wir weder den Pensionsschock noch die Vereinsamung vor dem Fernsehapparat zu fürchten.

4. Regelmäßige Arbeit an uns selbst macht Freude

Unser Beruf, die Partnerwahl, Kindererziehung, auf unsere Gesundheit achten, uns richtig ernähren, uns um die älter werdenden Eltern kümmern, Zeit für ehrenamtliches Engagement aufbringen – und jetzt auch noch Zeit für unsere persönliche Weiterentwicklung reservieren: Wie sollen wir das schaffen?

Die Kunst des Lebens besteht in der Verbindung von zwei Welten: der Welt, in der wir leben, mit jener, nach der wir uns sehnen. Die regelmäßige Arbeit an uns selbst funktioniert vor allem dann, wenn wir sie mit etwas verbinden können, das wir gerne tun. Im Kapitel „Was kann ich verändern?" wurden die drei Dimensionen der persönlichen Weiterentwicklung dargestellt: 1. der Verstand, 2. die Spiritualität, 3. der soziale Mechanismus. Die erste und zweite Kategorie bieten einen reich gedeckten Gabentisch, von dem wir nur auswählen müssen, was wir zum besten Zeitpunkt in unseren Tagesablauf integrieren.

Wer sich schwer damit tut, über einen längeren Zeitraum allein an seiner Selbsterkenntnis zu arbeiten, der kann das in einer Gruppe oder Organisation tun. Besonders wirksam sind

Gemeinschaften, die alle drei Dimensionen der Weiterentwicklung gezielt fördern. Das können spirituelle, wohltätige oder soziale Organisationen sein. Auch ein Lehrgang zu einem Thema, das uns schon immer mit Leidenschaft erfüllt hat, kann zu einem inspirierenden Rückzugsort vom Alltagsrhythmus werden.

5. Disziplin bringt Qualität in unser Leben

Anstrengung ist notwendig, um eine Stufe der Qualität zu erreichen, die uns Freude empfinden lässt. Kein Kunstwerk, keine sportliche Leistung, keine Erfindung, kein Projekt konnte ohne eine intensive Zeit der konzentrierten Arbeit verwirklicht werden. Wir sollten daher möglichst viele Schutzwälle in unserem Leben gegen die Ablenkung durch das Unwichtige und das Nebensächliche errichten. Es kann uns weiterbringen, wenn wir

- uns jeden Tag zweimal einige Minuten unserer Selbstreflexion widmen.
- einen Tag in der Woche völlig auf Nachrichten und Fernsehen verzichten.
- einen Monat ohne Shoppen aushalten.
- einen Monat ohne Alkohol auskommen.
- einmal im Jahr, nur mit einem Bleistift und einem Notizbuch bewaffnet, allein an einen Ort, an dem wir uns wohlfühlen, fahren, um über das Leben nachzudenken, das wir führen wollen.

Disziplin ermöglicht uns, jenen Zielen in unserem Leben mehr Raum zu geben, die Wachstum statt Stagnation fördern. Neugier eröffnet uns den Weg zur Selbstveredelung, Disziplin hilft uns voranzuschreiten, indem wir das Wesentliche vom Unwesentlichen zu trennen wissen. Auf der dritten Stufe wartet auf uns etwas, das wir vielleicht überhaupt erst wiederentdecken müssen: die Schönheit des Lebens.

6. Der Mut zur Schönheit in unserem Leben

Schönheit ist nichts Absolutes, sondern sie bedeutet für jeden etwas anderes: vom Klang einer Symphonie in allen Fasern seines Körpers erfasst, von einem Gesicht verzaubert, von der Mystik einer alten Kirche bewegt, vom Geheimnis eines Bildes gefesselt, von der natürlichen Architektur einer Grotte überwältigt oder von der Weisheit eines Menschen tief in seiner Seele berührt zu werden, sind nur einige Beispiele. Augenblicke der Schönheit sind etwas Seltenes, nicht weil es zu wenig Schönes auf der Welt gibt, sondern weil wir es oft gar nicht wahrnehmen. Dabei verlangt es keine besonderen Kenntnisse, um einen Augenblick der Schönheit voll auszukosten, tief Luft zu schöpfen und beim Ausatmen voller Freude zu sagen: Das Leben ist schön.

Denke ich jetzt beim Schreiben an Schönheit, fällt mir spontan der Pegu-Tso-See in Tibet ein, obwohl es zwanzig Jahre her ist, seit ich dort gewesen bin. Ein unglaubliches 360-Grad-Panorama vor dem Hintergrund der tief verschneiten Schishapangma-Kette mit herrlichen Sieben- und Achttausendern. Der Gebirgssee ändert jeden Augenblick sein Farbenspiel von Tiefblau bis Türkis. Man wird ergriffen von dieser überragenden Schönheit und vergisst die lange Anreise, die dünne Luft in der Höhe, die strapaziöse Fortbewegung zu Fuß sowie die einseitige Ernährung. Ich kann natürlich nicht wissen, welches Bild bei Ihnen auftaucht, wenn Sie an etwas besonders Schönes denken. Ich bin nur davon überzeugt, dass wir alle in Augenblicken der Schönheit unsere Grenzen erweitern. Wir spüren dann, dass wir Teil von etwas sind, das uns mit Freude erfüllt, weil es über uns hinausgeht.

7. Wir brauchen unsere ganz persönliche Spiritualität

Wer bin ich? Jeder Versuch, auf diese Frage eine Antwort zu finden, beginnt damit, dass wir eine Grenze zwischen dem, was wir als unser Selbst, und dem, was wir als außerhalb davon empfinden, ziehen. Die Haut, die unseren Körper von unserer Umwelt abgrenzt, ist für viele eine selbstverständliche Grenze. Doch wir haben nicht nur einen Körper, sondern auch das, was wir Geist nennen. Dieser lässt sich bei Weitem nicht so klar begrenzen. Und unser Geist zeigt uns, dass die Grenzen dessen, was wir als unser Selbst bezeichnen, verschiebbar sind. Es liegt an unserem Bewusstsein, ob wir die Zellen, die unseren Körper bilden, oder den Kosmos, der alles umfasst, sehen wollen.[3]

Wahre Spiritualität ist nicht abgehoben, sondern ein natürlicher Bestandteil unseres Lebens. Wenn wir gerade schwer verliebt sind, wollen wir nicht nur unseren Geliebten, sondern die ganze Welt umarmen. Ein Reh, das plötzlich auf eine Lichtung in einem Wald tritt, dessen Luft nach Schnee duftet, kann auf einmal ein tiefes Gefühl der Verbundenheit mit der ganzen Natur auslösen. In unseren Träumen finden wir uns plötzlich in völlig neuen Erlebniswelten wieder, die weit über unser Vorstellungsvermögen im Wachzustand hinausreichen.

Spiritualität ist für mich das Bewusstsein, dass wir eben nicht nur auf uns begrenzt sind, sondern die Verbundenheit mit etwas höherem Ganzen. Das gibt uns Hoffnung, Zuversicht und erlaubt uns tiefe sinnliche Erfahrung. Es ist nur leider nicht ganz einfach, die spirituelle Dimension in unserem Leben nicht dem Zufall zu überlassen, sondern uns bewusst dafür zu öffnen. Wer regelmäßig zu meditieren beginnt, wird als Anfänger die Erfahrung machen, dass er von tiefen Bewusstseinszuständen überrascht wird. Je intensiver er diese festzuhalten oder gar zu wiederholen versucht, desto mehr vertreibt er sie und fällt auf das Ausgangsniveau zurück. Das ist der Grund dafür, warum Priester und Mönche lange und intensiv darauf vorbereitet werden, ein spirituelles Leben zu führen.

Für den profanen Menschen ist Achtsamkeit ein guter Weg, um Spiritualität in sein Leben zu bringen. Für den religiösen Menschen heißt das, Gott in allen Dingen immer wieder zu entdecken. Nichtgläubige können ihre Achtsamkeit auf oben beschriebene Phänomene in der Natur oder im Alltag richten. Wissenschaft ist die Spezialisierung des Verstandes. Die Spiritualität ist die Spezialisierung der Intuition. Der Mensch braucht beide Dimensionen, um sich vollenden zu können. Persönliches Wachstum bedeutet im spirituellen Verständnis die Ausdehnung der eigenen Grenzen, nach außen durch Weitblick, nach innen durch Tiefe. Wir können nur gewinnen, wenn wir mehr Spiritualität in unser Leben lassen. Was immer wir tun, unsere Seele wird sehr dankbar für jede regelmäßige Wegzehrung sein.

---

1   Barry Schwartz, Professor für Psychologie am Swarthmore College: Spektrum des Wissens.
2   In seinem Buch „Dem Sinn des Lebens eine Zukunft geben", Stuttgart 1995, hat Mihály Csíkszentmihályi seine Kernthese, dass der Mensch durch aktive Teilnahme an der Evolution seinem Leben Sinn und Freude geben kann, ausführlich dargestellt. Sein Gedankengut hat mich wesentlich bei der Konzeption des dritten Teils dieses Buches beeinflusst.
3   Ich habe mich in diesem Abschnitt vor allem auf die Lehren von Ken Wilber bezogen. Sein Buch „Wege zum Selbst", Frankfurt am Main 1991, bietet eine ganzheitliche Einführung in die Spiritualität.

Epilog

Ein Sonnenstrahl dringt in Graciáns Zelle und reißt ihn aus seinem Dahindämmern. Erkenntnis zu erlangen ist ein bisschen so, als ob man einen Sonnenstrahl festhalten wollte, kommt es ihm plötzlich in den Sinn. Nichts ist so kraftvoll und dabei so flüchtig. Es ist gefährlich, direkt hinzusehen, denn wer es doch tut, riskiert wegen der Strahlkraft der Sonne sein Augenlicht. Stattdessen kann man immer wieder von verschiedenen Blickwinkeln aus einen Teil der Ansicht erhaschen. Vollkommen ist immer nur der Augenblick, niemand kann ihn einfangen oder gar festhalten. Es ist wie mit der Weisheit, man darf sie lediglich herbeiwünschen, um dann zu sehen, wie sie ähnlich einem Funken auf uns überspringt. Das entfachte Feuer ist manchmal lange und lodernd, oft auch nur ein kurzes Aufflackern. Viel hängt auch von der Zeit ab, in die ein Mensch geboren ist. Das Wahre und Richtige lebt oft tief zurückgezogen und verborgen, nur die Weisen können es erkennen. Diese außerordentlichen Menschen sind ihrer Zeit weit voraus. Viele hätten sich ein besseres Jahrhundert verdient, denn es kann lange dauern, bis das Licht die Finsternis vertreibt. Der Weise hat jedoch einen Vorteil: Er ist unsterblich. Seine Gedanken pflanzen sich fort, einem Gesetz der Natur folgend.

Gracián gehörte nie zu jenen albernen Gemütern, die sich wünschten, dass Gott eine andere, vollkommenere Welt erschaffen sollte. Vielmehr ist er dankbar für die großen Gaben, die ihm gegeben waren. Selbst in seiner engen Zelle weiß er sich selbst zu helfen, um nicht wie ein eingesperrtes Tier in einem Käfig auf und ab zu laufen. Man darf dem Schicksal gegenüber nicht die Waffen strecken, das würde es erst unerträglich machen. Alles haben sie ihm genommen, nur sein letztes Gut, das ihn vom wilden Tier unterscheidet, verteidigt er mit seiner ganzen Willenskraft: seinen Verstand und den Reichtum seiner Gedanken. In den langen Jahren der Einsamkeit hat er es mit eiserner Disziplin geschafft, die 300 Regeln der Lebenskunst in seiner Vorstellung wiederherzustellen. Bei manchen fiel es ihm ganz leicht, bei einigen wenigen kostete es ihn schlaflose Nächte, um einen besonders kunstvollen Satz in einer verborgenen Kammer seiner Erinnerung wiederzufinden. Nun kann er vor seinem geistigen Auge behutsam in diesem „Handorakel" blättern, manchmal staunend, manchmal voll Freude hingerissen über die tiefe Einsicht, die ihm gewährt wird. Jeden Tag vertieft er sich jetzt in eine Regel, um sie zu festigen. Er hat gelernt, dass ihm das leichter fällt, wenn er seine Lippen flüsternd bewegt und die Regel Wort für Wort mit einer imaginären Feder in die Luft schreibt. Seiner inneren Ordnung folgend, ist heute *Seine Vollendung erreichen* an der Reihe.

> *Man wird nicht fertig geboren: mit jedem Tag vervollkommnet man sich in seiner Person und seinem Beruf, bis man den Punkt seiner Vollendung erreicht, wo alle Fähigkeiten vollständig, alle vorzüglichen Eigenschaften entwickelt sind. Dies gibt sich daran zu erkennen, dass der Geschmack erhaben, das Denken geläutert, das Urteil reif und der Wille rein geworden ist. Manche gelangen nie zur Vollendung, immer fehlt ihnen noch etwas, andere kommen spät zur Reife. Der vollendete Mann, weise in seinen Reden, klug in seinem Tun, wird zum vertrauten Umgang der gescheiten Leute zugelassen, ja gesucht.*

Epilog

„Der Mensch kann mehr werden, als er ist. Die Welt muss keine verkehrte sein. Je mehr Menschen ihrem wahren Wesen näherkommen, desto eher wird sich auch in der Welt das Richtige vom Falschen scheiden", denkt sich Gracián und schließt für heute das Buch, zu dem er nur mehr kraft seiner Gedanken Zugang hat. Ein Hauch von Zufriedenheit wärmt ihm das Herz.

Danke

Zu meinem 50. Geburtstag hat mir **Witold Szymanski** „Handorakel und Kunst der Weltklugheit" geschenkt. Irgendwann entwickelte sich daraus eine Idee für ein eigenes Buch. Mein Freund und Wegbegleiter **Ernst Scholdan** hat mir entscheidend geholfen, aus einer Menge Rohmaterial und Gedanken ein Buch zu machen, in dem sich die Leserinnen und Leser hoffentlich wiederfinden werden.

Mit Red Bull und dem Ecowin Verlag haben zwei Weltklasseteams zusammengefunden, die nicht nur die gemeinsame Heimat in Salzburg verbindet, sondern vor allem höchste Professionalität und hochgesteckte Ziele. **Hannes Steiner** ist ein wahrer Freund und ein visionärer Verleger. Das Team des Ecowin Verlages – **Nina Ainz, Christa Beiling, Jakob Hirsch, Christina Kindl, Marcella Kutil** und **Florian Pötzelsberger** – hat mich auch diesmal so unterstützt, wie ich mir das als Autor nur wünschen kann. Mein Lektor **Arnold Klaffenböck** hat es einmal mehr geschafft, meinen „Sprachreichtum" mit der deutschen Sprache in Einklang zu bringen.

Ernst Scholdan ist Partner im Braintrust Gehrer Ploetzeneder DDWS Corporate Advisors, der mich schon seit vielen Jahren pro bono in meinen Projekten begleitet. **Thomas Plötzeneder** und **Christian Gehrer** haben mir mit ihren internationalen Kontakten geholfen, an die notwendigen Hintergrundinformationen zu kommen, ohne die dieses Buch nicht möglich gewesen wäre.

Ganz besonders dankbar bin ich dem Provinzial der Jesuiten in Österreich, **Pater Gernot Wisser**, der mir einen Einblick in die

Welt seines Ordens und die Bezüge zwischen Ignatius von Loyola und Baltasar Gracián gegeben hat. Mit dem indischen Jesuiten **Sahayaraj Stanley** habe ich ein spannendes Gespräch über die Bedeutung des jesuitischen Führungsmodells gehabt. Der Philosoph und Naturwissenschaftler **Peter Gowin** hat mir seine Studien zur Veränderbarkeit des Menschen aus Sicht der Psychotherapie zugänglich gemacht und mich mit seinem universellen Wissen tief beeindruckt. In Österreich gibt es wohl kaum jemanden, der so viel über Baltasar Gracián weiß wie **Angelika Klammer**. Sie hat mir ein tieferes Verständnis seiner Philosophie vermittelt, wofür ich ihr sehr dankbar bin.

Die Rohfassung dieses Buches habe ich einigen ausgewählten Menschen vorab anvertraut. Jeder einzelne von ihnen hat sich so viel Mühe gegeben, es lesefreundlicher und besser zu machen, als hätte es sich um sein eigenes Buch gehandelt: **Barbara Feldmann, Lilian Genn, Bernhard Görg, Eva Maria Heusserer, Lydia Kaltenbrunner, Astrid Kleinhanns, Veronika Klimaschewski, Rene Koglbauer, Axel Neuhuber, Markus Obenauf, Monika Ottenschläger, Elham Pedram, Günter Rattay, Sissi Resmann, Michaela Seiser, Witold Szymanski und Katrin Zita. Franz Wolfsgruber** war mein erster Testleser, der mittlerweile nicht nur seine Mitarbeiter, sondern auch sein Fußballteam mit den Weisheiten des „Handorakels" trainiert.

Das Hotel **Schwarzalm** in Zwettl war mir bei meiner Arbeit im Sommer 2013 ein Rückzugsort in idyllischer Ruhe und mit liebevollem Service. Dafür sei **Markus Hann** und seinem wunderbaren Team gedankt.

Wenn Sie etwas Gutes tun wollen:

Zukunft für Kinder – ZUKI (www.zuki-zukunftfuerkinder.at), dieses von Claudia Stöckl und Marlies Steinbach geleitete Hilfsprojekt bietet Patenschaften für Straßenkinder in Kalkutta an. Das gespendete Geld wird direkt in Kinderheime und Schulen investiert, wovon ich mich als Beiratsmitglied immer wieder überzeugen konnte.

Ihre Meinung zu diesem Buch ist mir wichtig.

Ich freue mich über Ihre E-Mail an andreas@salcher.co.at. Sie können mich auch auf meiner Website www.andreassalcher.com besuchen und mir auf Twitter @SalcherAndreas folgen.

Andreas Salcher   Wien, im September 2013

Willkommen im Club der „Freunde der letzten Seite". Sie gehören zu jenen 17 Prozent Menschen, die bei einem Buch zuerst die letzte Seite lesen. Meine Zusammenfassung dieses Buches für Sie als Einstieg:

Es gibt wenige Bücher, die die Natur des Menschen mit ihren Schattenseiten und ihrer Fähigkeit zu Größe so treffend beschreiben wie „Handorakel und Kunst der Weltklugheit".

Dieses im Jahr 1653 vom Jesuiten Baltasar Gracián veröffentlichte Buch gilt bis heute als Geheimtipp. Die gewonnenen Erkenntnisse dienten vielen Mächtigen als geistige Vorlage für ihre Strategien. Wer diese Tricks und Taktiken nicht durchschaut, ist ihnen meist ahnungslos ausgeliefert. Im Unterschied zu Machiavelli zeigt Gracián dem Menschen auch immer die Wege zur Tugend und zur Vollkommenheit. Selbstverwirklichung hat zwei Dimensionen: im Innern die Fähigkeit, sich selbst und andere lieben zu können, und nach außen gerichtet die Arbeit zum Wohl der Gemeinschaft.

Drei Zitate aus dem Buch:

„Nicht abwarten, dass man eine untergehende Sonne sei
Es ist eine Regel der Klugen, die Dinge zu verlassen, ehe sie uns verlassen. Man wisse, aus seinem Ende selbst sich einen Triumph zu bereiten. Sogar die Sonne zieht sich oft, noch bei hellem Schein, hinter eine Wolke zurück, damit man sie nicht versinken sehe und ungewiss bleibe, ob sie untergegangen sei oder nicht."
Baltasar Gracián

„Deine Vision wird nur dann klarer werden, wenn du in dein eigenes Herz schaust. Wer nach außen schaut, träumt; wer nach innen schaut, erwacht."
C. G. Jung

„Jedermann erfindet sich früher oder später eine Geschichte, die er für sein Leben hält."
Max Frisch

PHILOSOPHIE UND LEIDENSCHAFT

Ecowin wurde 2003 als unabhängiger Verlag gegründet.

Wir konzentrieren uns auf spannende Autoren, die zu spannenden Themen und Entwicklungen unserer Welt einen Beitrag leisten.

Die Vielfalt der Meinungen sowie der Diskurs unter den Autoren und innerhalb des Verlags sind uns viel wichtiger als das Vertreten nur einer Denkweise.

Wir investieren in langfristige Beziehungen mit unseren Autoren, Herstellern und Buchhändlern.

Bis heute haben wir weder Verlagsförderung beantragt noch erhalten.

Als österreichischer Verlag produzieren wir von Beginn an ausschließlich umweltfreundlich* in Österreich.

Nichts ist für uns spannender als das nächste neue Buch.

HANNES STEINER
VERLEGER

ClimatePartner°
klimaneutral

Druck | ID: 10944-1309-1003

* Wir freuen uns, dass die Druckerei Theiss unsere Bücher nach den Richtlinien des österreichischen Umweltzeichens herstellt (UW-Nr. 869). Sowohl die Materialien als auch die Produktion entsprechen dem hohen österreichischen Umweltstandard. Mit dem Buch, das Sie in Händen halten, leisten wir einen aktiven Beitrag zum CO_2-Ausgleich. Durch Eingabe der ID-Nummer auf www.climatepartner.com können Sie sich über das von uns unterstützte Projekt informieren.